BLICK

Mittelstufe Deutsch
für Jugendliche und junge Erwachsene

Arbeitsbuch

BAND 1

von Anni Fischer-Mitziviris
und Sylvia Janke-Papanikolaou

Max Hueber Verlag

5.   4.   3. | Die letzten Ziffern
2010   09   08   07   06 | bezeichnen Zahl und Jahr des Druckes.
Alle Drucke dieser Auflage können, da unverändert,
nebeneinander benutzt werden.
3. Auflage 2001
© 1996 Max Hueber Verlag, 85737 Ismaning, Deutschland
Verlagsredaktion: Andreas Tomaszewski, München
Layout und Herstellung: Eckhard Popp, Markt Schwaben
Umschlaggestaltung und Zeichnungen: ofczarek!
Satz: abc satz bild grafik, Buchloe
Druck und Bindung: Ludwig Auer GmbH, Donauwörth
Printed in Germany
ISBN 3-19-011573-7

Inhalt

Reflexivpronomen und Personalpronomen *sich* (Wortstellung)
Zeichensetzung:
Komma bei *und, oder, aber, denn, sondern*
Tips zum Vokabellernen

Zeichensetzung:
Satzzeichen bei *weil, da, denn, deshalb/deswegen*
Wortbildung des Nomens (1):
zusammengesetzte Nomen

es als Pronomen
Wiederholung des Perfekts
Wortbildung des Nomens (2):
-keit/-igkeit

Wiederholung des Präteritums
Zeichensetzung:
Satzzeichen bei *obwohl, trotzdem* und Relativsätzen
Wortbildung (3) und (4):
-ung, -schaft

Vergleiche
zusammengesetzte Adjektive
Verben im Passiv
Pluralendungen

Zeichensetzung:
Komma bei *damit* und *um ... zu*

1 Freizeit

a) Hier haben Annette und Jürgen aufgeschrieben, wie sie gewöhnlich ihre Freizeit verbringen.

Wähle einen Wochenplan aus und schreib einen Text dazu.
Die Redemittel im Kasten helfen dir dabei.

> Gewöhnlich hat er/sie (bis) …
> Von Montag bis Freitag hat er/sie …
> Wenn er/sie mit … fertig ist, …
> Nachmittags/Abends …
> Am Wochenende/Samstags/Sonntags …
> Sooft er/sie kann, …
> Zweimal/Dreimal in der Woche …
> Alle zwei Wochen …
> Außerdem …

Jürgen:

MO	7.40 bis 13.45 Unterricht bis 15.30 Hausaufgaben Klavier üben, Computer spielen, lesen, fernsehen (ca. 22.30 schlafen gehen)
DI	7.40 bis 13.45 Unterricht bis 15.30 Hausaufgaben Klavier üben, Computer, lesen, fernsehen
MI	7.40 bis 13.45 Unterricht bis 15.30 Hausaufgaben 16.00 bis 17.00 Jugendtreff
DO	7.40 bis 12.55 Unterricht bis 14.30 Hausaufgaben Handballtraining
FR	7.40 bis 13.45 Unterricht bis 15.30 Hausaufgaben Klavier üben
SA	Klavierunterricht Fußballsendungen sehen/ mit Uwe, Jan, Michael ins Kino
SO	Handball spielen
	Alexandra treffen! (am liebsten jeden Tag!!!)

Annette:

MO	7.40 bis 13.45 Unterricht Hausaufgaben 18.00 bis 19.00 Gitarrenunterricht mit Freunden telefonieren Musik hören
DI	7.40 bis 13.45 Unterricht Hausaufgaben 17.00 bis 18.00 Jazzgymnastik Musik hören
MI	7.40 bis 13.45 Unterricht Leichtathletik-Training Hausaufgaben Musik hören, fernsehen
DO	7.40 bis 12.55 Unterricht Hausaufgaben telefonieren Gitarre üben, Musik hören
FR	7.40 bis 13.45 Unterricht Gitarre üben Großmutter besuchen Tanzschule
SA	fernsehen mit Freund treffen (Kino/Stadtbummel)
SO	alle 2 Wochen Disko-Nachmittag in der Tanzschule Hausaufgaben telefonieren Gitarre üben, Musik hören

b) Wie sieht deine Woche aus? Notiere zuerst Stichwörter im Wochenplan und berichte dann ausführlich.

Beispiel:

Montags und mittwochs gehe ich normalerweise in den Tennis-Club und spiele ein, zwei Stunden.

MO Tennis-Club	DO
DI	FR
MI Tennis-Club	SA
	SO

2   **Schreib passende Fragen. (Es gibt oft mehrere Möglichkeiten.)**

1. Welchen Sport machst du? _____

   Ich spiele Tennis.

2. _____

   Mit meinen Freunden.

3. _____

   Das macht mir keinen Spaß.

4. _____

   Zweimal in der Woche.

5. _____

   Nein, ich gehe lieber aus.

6. _____

   In der Cafeteria, manchmal auch im Eiscafé.

7. _____

   Ja, ich mache sogar selbst Programme.

8. _____

Weil ich mich so am besten von der Schule erholen kann.

9. _____

Spätestens um Mitternacht.

10. _____

Das erlauben mir meine Eltern nicht.

11. _____

Nein, ich muss zuerst meine Hausaufgaben machen.

12. _____

Ja, manchmal. Mein Zimmer aufräumen, einkaufen und so.

13. _____

Ja, wenn ein guter Film läuft.

14. _____

Selten, weil unsere Wohnung so klein ist.

3 **Was machst du gern im Deutschunterricht, was macht dir keinen Spaß? Schreib fünf Sätze mit den Ausdrücken im Kasten.**

Videos sehen ■ Grammatik üben ■ Vokabeln lernen ■ Texte lesen ■ Aufsätze schreiben ■ Kreuzworträtsel lösen ■ Diktate schreiben ■ Texte von der Kassette hören ■ Wörter im Lexikon nachschlagen ■ Tests schreiben ■ ein Jugendbuch lesen ■ an die Tafel schreiben ■ Hausaufgaben vorlesen ■ Spiele ■ Aussprache üben ■ Witze auf Deutsch erzählen

Beispiel: Ich sehe gern Videos, aber Grammatik macht mir keinen Spaß.

1. _____

2. _____

3. _____

4. _____

5. _____

4 **Ergänze den Dialog.**

● Du, heute gibt's einen tollen Film im Rex.

Wir könnten _uns_ mal

wieder mit der Clique treffen und dann zusam-

men ins Kino gehen!

▲ Ich weiß nicht ... Das letzte Mal habe

_____ _____ im Kino ganz schön

gelangweilt. Die anderen interessieren

_____, glaub' ich, auch nicht besonders

dafür. Eva würde sicher nicht mitkommen.

_____ hat _____ nämlich mit Uwe

verabredet und sie wollen zusammen in die

Umweltausstellung gehen und _____

über umweltfreundliche Fahrzeuge informie-

ren.

● Das find ich ja total langweilig! Dafür interes-

siere _____ _____ überhaupt nicht.

▲ Also, du hast echt eine unmögliche Einstel-

lung! _____ könntest _____

wirklich langsam daran gewöhnen, dass man

die Umwelt schützen muss.

● Aber in meiner Freizeit beschäftige

_____ _____ nun mal nur mit

Dingen, die mir Spaß machen!

▲ Jetzt bleib mal cool! _____ ärgerst

_____ ja nur darüber, dass _____

_____ nicht für dieselben Dinge interes-

siere wie du.

● Stimmt überhaupt nicht. Aber _____

habe _____ die ganze Zeit aufs Wochen-

ende gefreut und da habe ich keine Lust

_____ mit dir zu streiten.

5 **Reflexivpronomen und Personalpronomen**

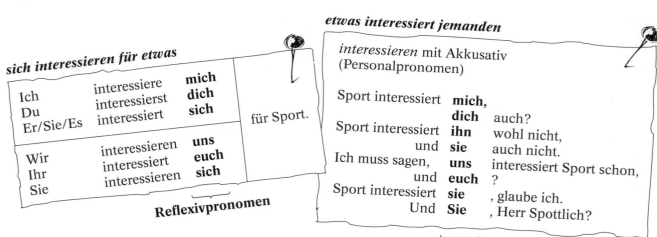

sich interessieren für etwas

Ich	interessiere	**mich**	
Du	interessierst	**dich**	
Er/Sie/Es	interessiert	**sich**	für Sport.
Wir	interessieren	**uns**	
Ihr	interessiert	**euch**	
Sie	interessieren	**sich**	

Reflexivpronomen

etwas interessiert jemanden

interessieren mit Akkusativ
(Personalpronomen)

Sport interessiert	**mich,**	
	dich	auch?
Sport interessiert	**ihn**	wohl nicht,
und	**sie**	auch nicht.
Ich muss sagen,	**uns**	interessiert Sport schon,
und	**euch**	?
Sport interessiert	**sie**	, glaube ich.
Und	**Sie**	, Herr Spottlich?

Personalpronomen

a) Reflexivpronomen (R) oder Personalpronomen (P)? Kreuze an.

	R	P
1. Beeil **dich**, sonst kommen wir zu spät!	☐	☐
2. Obwohl sie **euch** oft ärgert, mögt ihr sie.	☐	☐
3. Wo haben sie **sich** mit den anderen verabredet?	☐	☐
4. Wo sind meine Sportschuhe? Ich will **sie** zum Training anziehen.	☐	☐
5. Pit telefoniert schon eine Stunde mit Daniel, denn Daniels Ferienpläne interessieren **ihn** sehr.	☐	☐
6. Haben Sie **sich** inzwischen an unser Klima gewöhnt?	☐	☐
7. Gestern habe ich **sie** zufällig im Schwimmbad getroffen.	☐	☐
8. Es war gar nicht so einfach, **sich** die ganze Zeit zu konzentrieren.	☐	☐
9. Erinnert **dich** das nicht an den Klassenausflug?	☐	☐
10. Man hat **uns** leider nicht darüber informiert.	☐	☐
11. Ihr habt **euch** aber schnell ineinander verliebt.	☐	☐
12. Wer kümmert **sich** um die neuen Mitschüler?	☐	☐
13. Wir haben **uns** immer nur gestritten, deshalb sind wir jetzt nicht mehr zusammen.	☐	☐
14. Ich habe **mich** wirklich sehr angestrengt.	☐	☐

b) Mach eine Liste.

Welche Verben aus a) stehen immer mit *sich* (reflexive Verben) und welche Verben können mit *sich* oder mit einem Akkusativobjekt gebraucht werden (reflexiv gebrauchte Verben)?

reflexive Verben:

beeilen

...

reflexiv gebrauchte Verben:

ärgern

...

c) Folgende Verben können mit *sich* (Reflexivpronomen) oder mit einem Akkusativobjekt (Personalpronomen) stehen.

Schreib Sätze.

1. freuen

   Dein Besuch hat mich wirklich sehr gefreut.

   Wir freuen uns schon jetzt auf die Party am Samstag.

2. anziehen

3. ärgern

4. informieren

5. interessieren

6. treffen _____

_____

7. verstehen _____

_____

6 **Schreib Sätze wie im Beispiel.**
Achte auf die Stellung des Reflexivpronomens.

Beispiel: Warum fährt Mark in die Stadt? (sich mit Judith verabreden)
Weil **er sich** *mit Judith verabredet hat.*
Weil **Mark sich** *mit Judith verabredet hat.*
Weil **sich Mark** *mit Judith verabredet hat.*

Sich steht beim Subjekt:
– nach dem Personalpronomen
– vor oder nach dem Nomen

1. Warum sprichst du nicht mehr mit Theo? (sich mit ihm streiten)

_____

2. Warum wird Jan immer rot, wenn er mit Ute spricht? (sich in sie verlieben)

_____

3. Warum habt ihr das Spiel gegen die „Dogs" verloren? (sich nicht richtig darauf vorbereiten)

_____

4. Warum war Tanja in den Ferien immer mit Sebastian zusammen? (sich gut mit ihm verstehen)

_____

5. Warum bist du am Samstag nicht in die Disko gegangen? (sich nicht wohl fühlen)

_____

6. Warum können die Kinder so gut mit dem Computer umgehen? (sich gern damit beschäftigen)

_____

7. Woher weißt du denn, in welchem Hotel der Sänger wohnt? (sich bei der Konzertagentur danach erkundigen)

_____

8. Warum seid ihr denn einfach weggegangen? (sich langweilen)

_____

7 Wie ist es in deinem Land?
Schreib Sätze wie im Beispiel.

Die meisten Jugendlichen gehen gern ins Kino.

Beschäftigen sich die Jugendlichen gern mit Computern? ■
Gehen sie gern ins Kino? ■ Sehen sie fern?
Gehen sie oft aus? ■ Bleiben sie auch gern zu Hause?
Sind sie gern mit Freunden zusammen? ■
Spielen sie ein Instrument? ■ Hören sie gern Musik?
Treiben sie Sport? ■ Lesen sie Bücher?

Alle
Die meisten
(Sehr) Viele   Jugendlich   en ...
Einige/Ein paar   e ...
Nur wenige

8 a) Was passt zusammen? Ordne zu und notiere in der richtigen Form.

Beispiel: gute Freunde

anstrengend   ●   ●   Krimis
gut   ●   ●   Leute
eigen   ●   ●   Freunde
aufregend   ●   ●   Schauspieler
berühmt   ●   ●   Informationsabende
gemütlich   ●   ●   Computerprogramme
interessant   ●   ●   Cafés
jung   ●   ●   Hobbys
ungewöhnlich   ●   ●   Unterrichtsstunden

b) Ergänze die Ausdrücke aus a).

Beispiel: Was findest du wichtiger: _gute Freunde_ oder viel Geld?

1. Meine Freizeit verbringe ich wie die meisten _____, ich habe keine

   _____.

2. Die Umweltschutzgruppe „Robin Wood" hat mehrere _____
   veranstaltet.

3. Andreas kann gut mit dem Computer umgehen. Er hat sogar schon über zehn

   _____ gemacht.

4. Nach der Stadtbesichtigung können wir uns in einem der _____
   in der Altstadt treffen.

5. Ich bin total geschafft, wir hatten heute acht total _____ .

6. In diesem Film spielen mehrere _____ mit.

7. Manche können sich am besten von der Schule erholen, wenn sie _____
   lesen.

9 **Ergänze die richtigen Endungen und bilde Sätze.**

Beispiel: Meine Bekannten ziehen sich genauso an wie ich.

die meisten Jugendlich... ■ meine Bekannt... ■ viele Erwachsen... ■ fünf Deutsch... ■ mehr Arbeitslos... ■ keine Verletzt... ■ alle Reisend... ■ Gleichaltrig... ■ dieselben Verwandt... ■ mehrere Krank... ■ ein paar Anwesend...

10 **Susanna sagt, was sie und Steffi alles tun wollen.**

1. sich helfen

   Ich helfe Steffi und sie hilft mir. Wir helfen uns.

2. sich immer besser kennen lernen

   _____

3. sich oft schreiben

   _____

4. sich gegenseitig Fotos schicken

   _____

5. sich nach unbekannten Wörtern fragen

   _____

6. sich über alles informieren, was in der Schule und bei den Freunden passiert

   _____

7. sich wieder besuchen

   _____

11 **Ergänze *uns, euch, sich/einander.***

1. Wir kennen uns schon seit drei Jahren. Und ihr? Wann habt ihr _euch/einander_ kennengelernt?

2. Habt ihr _____ schon begrüßt? – Ja, wir haben _____ schon am Eingang getroffen.

3. Die beiden umarmen und küssen _____, als ob sie _____ jahrelang nicht gesehen hätten.

4. Warum streitet ihr zwei _____ eigentlich so oft? – Ach, wir verstehen _____ einfach nicht besonders gut.

5. Anna und ihre Brieffreundin schreiben _____ fast jede Woche. Ab und zu rufen sie

_____ sogar an.

12 Zeichensetzung

s. LB, GR3

1. Vor *aber, sondern, denn* steht immer ein Komma.

Lies die Beispiele.

Marc und Michael sind Lehrlinge, aber leider (arbeiten sie) nicht in derselben Firma.
Marcs Firma ist nicht in Hamburg, sondern (sie ist) in Lüneburg.

Ergänze die fehlenden Kommas.

Seit Marc in Lüneburg wohnt, hat er jeden Monat das gleiche Problem:
„Der Monat ist schon fast um und ich habe das Geld für die nächste Monatsmiete noch nicht zusammen. Eigentlich müsste der Scheck von Papa schon da sein aber wahrscheinlich hat er das Geld wieder nicht an mich sondern an Hansi geschickt. Entweder werde ich bis Anfang des nächsten Monats bei einem Freund wohnen müssen oder ich erzähl' meinem Vermieter einfach etwas von einem verloren gegangenen Brief mit Geld drin. Das wäre wohl das Beste aber erst kurz vor Monatsende denn sonst glaubt er mir sicher nicht oder nimmt vielleicht sogar Kontakt zu Papa und Mama auf und alles käme raus! Das muss man schon richtig anfangen und dazu gehört das richtige Timing!"

2. Komma vor *und* und *oder*

Vor *und/oder* steht grundsätzlich kein Komma. Man kann aber ein Komma setzen, wenn der Text dadurch leichter lesbar ist. (Wenn z.B. zwei längere Hauptsätze durch *und/oder* verbunden sind.)

Beispiel:
Am Wochenende gehen sie ins ZEPP(,) und sie treffen dort immer ihre Freunde.
Entscheide: Wo könnte man vor *und/oder* ein Komma setzen?

Ergänze die fehlenden Kommas.

Marc ist 17 Jahre alt und macht eine Lehre als Automechaniker bei einer Lüneburger Firma. Marc macht seine Arbeit Spaß und er verbringt sogar noch einen Teil seiner Freizeit mit technischen Dingen: Sooft er kann, beschäftigt er sich mit alten Motoren oder er bastelt an seinem Motorrad, einer Honda, herum. Am Wochenende geht er natürlich ins ZEPP. „Im ZEPP kannst du dich mit deinen Freunden treffen oder auch andere Leute kennenlernen", meint er, „und du brauchst nicht soviel Geld auszugeben. In einer Großstadtdisko musst du schon für den Eintritt das Doppelte bezahlen und die Getränke sind auch teurer." Außerdem findet er die Stimmung im ZEPP gut und die Musik Spitze.

13 Europa

a) Ergänze die Tabelle.

Land	Bewohner	Nationalität	Sprache
(B) _____	_____	belgisch	_____
(DK) Dänemark	_____	_____	_____
(D) _____	_____	_____	Deutsch
(SF) _____	_____	_____	Finnisch
(F) _____	Franzose/Französin	_____	_____
(GR) _____	_____	_____	Griechisch
(GB) Großbritannien	_____	_____	_____
(IRL) _____	Ire/Irin	_____	_____
(I) _____	_____	italienisch	_____
(L) Luxemburg	_____	_____	_____
(NL) Niederlande (Pl.)	_____	_____	_____
(A) _____	_____	österreichisch	_____
(P) _____	Portugiese/Portugiesin	_____	_____
(S) _____	_____	_____	Schwedisch
(E) _____	_____	spanisch	_____

b) Ganz europäisch!
Beschreibe die Personen wie im Beispiel.

Gerda

S/A
Deutsch, Englisch
Bratwürste aus Deutschland

Gerda ist Schwedin, aber sie wohnt in Österreich. Sie spricht fließend Deutsch und Englisch und mag gern deutsche Bratwürste.

Katrin

D/I
Französisch, Italienisch
Heringe aus Dänemark

Leif

DK/NL
Englisch, Deutsch
Weine aus Frankreich

Domingo

P/SF
Spanisch, Finnisch
Bonbons aus England

Annie

F/P
Portugiesisch, Englisch
Reisgerichte aus Spanien

Dimitris

GR/B
Französisch, Niederländisch
Nudeln aus Italien

Jane

GB/E
Spanisch, Italienisch
Vorspeisen aus Griechenland

14 Ausländische Jugendliche in Deutschland
Was Jugendlichen aus anderen Ländern in Deutschland aufgefallen ist.

a) Schreib die Texte neu. Beginne die Sätze jeweils mit den *kursiv* gedruckten Wörtern.

Von John, 15, aus Manchester, erfahren wir:

Eine Unterrichtseinheit dauert *in England* nur 35 Minuten. Sie dauert *in Deutschland* 45 Minuten. Deutsche Schüler haben *gewöhnlich* nur am Vormittag Unterricht. Bratwürste haben ihm *von den deutschen Spezialitäten* am besten geschmeckt. Die Gastfamilie hat *meistens* seine Lieblingsgerichte gekocht.

Ludmilla, 15, aus Moskau, berichtet:

Die russischen Jugendlichen wohnten *auf eigenen Wunsch* nicht in Gastfamilien, sondern in Jugendherbergen. Ein enger Kontakt bestand *trotzdem* zwischen den Jugendlichen aus beiden Ländern. Sie haben *die meisten Dinge* gemeinsam unternommen. Sie waren *den ganzen Tag* auf Ausflügen, Besichtigungen usw. Sie hatten aber auch viele Aufgaben für Deutsch, *weil Deutsch ein wichtiges Fach ist.*

b) Ergänze *aber, sondern, denn.*

Ingrid ist Au-pair-Mädchen und kommt aus Dänemark. Sie wird ein halbes Jahr in Deutschland bleiben, _____ sie möchte besser Deutsch lernen. Das Leben in Deutschland findet sie ganz gut, _____ die Menschen sind ihr zu kühl. „Man sagt von uns Skandinaviern, dass wir kühl sind", meint sie, „_____ die Deutschen finde ich noch zurückhaltender als die Dänen zum Beispiel." Trotzdem fühlt sie sich nie allein, _____ sie hat Kontakt mit vielen jungen Leuten. „Allerdings komme ich kaum mit Deutschen zusammen, _____ mehr mit anderen Skandinaviern und Amerikanern", sagt sie, „_____ sie haben ähnliche Erfahrungen gemacht wie ich."

Es gibt viele Gründe, warum sich Jugendliche aus anderen Ländern in Deutschland aufhalten.

Hier stellt sich Philippe, 16, aus Belgien vor.

Und so steht es in der Schülerzeitung:

Ich spreche Französisch, Niederländisch und Deutsch. Man spricht in meinem Land alle diese Sprachen. Ich hatte in der Schule Schwierigkeiten mit Deutsch. Ich kam deshalb in eine Sprachschule nach Köln. Ich wohne bei einer deutschen Familie. Ich gehe in meiner Freizeit Tennis spielen und fahre Motocross.

Philippe kommt aus Belgien und spricht Französisch, Niederländisch und Deutsch, denn in seinem Land spricht man alle diese Sprachen. In der Schule hatte Philippe Schwierigkeiten mit Deutsch. Deshalb kam er in eine Sprachschule nach Köln und wohnt bei einer deutschen Familie. In seiner Freizeit geht er Tennis spielen und fährt Motocross.

c) Worin unterscheiden sich diese beiden Texte voneinander?
   Achte auf Wortstellung und Satzverbindungen und markiere die Stellen.

d) Such dir zwei Texte aus und schreib sie nach dem Beispiel von a) um:
   Beginne die Sätze möglichst mit einem anderen Ausdruck als dem Subjekt und verbinde sie mit
   und, oder, denn, sondern, aber.

Elisa, 17, aus Portugal:

Ich bin in Deutschland geboren. Ich bin Portugiesin auf meinem Pass. Ich habe niemals in Portugal gelebt. Ich kenne meine zweite Heimat nur von Ferienbesuchen. Ich bin in Deutschland geboren und zur Schule gegangen. Ich spreche zu Hause mit meinen Eltern Portugiesisch. Ich spreche mit meinen Freunden, die verschiedene Nationalitäten haben, Deutsch. Ich trainiere in meiner Freizeit Tanzfiguren, die ich aus dem Fernsehen oder aus dem Kino kenne. Ich gehöre außerdem zu einer portugiesischen Volkstanzgruppe.

Ilaria, 17, aus Italien:

Ich mache dieses Jahr Urlaub in Deutschland. Ich bin schon in England und Frankreich gewesen. Ich hatte immer schnell Kontakt zu den Menschen in diesen Ländern. Es gibt bei den Jugendlichen nicht so viele Unterschiede. Ich habe in Deutschland viele Leute kennen gelernt, die freundlich zu den Ausländern sind. Ich finde Deutschland mit seinen verschiedenen Landschaften und den alten und modernen Gebäuden schön. Ich wünsche mir irgendwann eine europäische Mentalität. Man sollte die eigene Mentalität dabei nicht verlieren.

Antonios, 17, aus Griechenland:

Ich wohne seit meinem zweiten Lebensjahr in Deutschland. Ich bin hier zur Schule gegangen. Ich mache jetzt eine Lehre als Heizungsbauer. Deutschland ist meine zweite Heimat. Meine Freunde, Griechen und Deutsche, nennen mich Toni. Ich fühle mich wohl hier. Ich möchte nach meiner Ausbildung zurück nach Griechenland. Ich habe in der Schule Englisch gelernt. Ich spreche fließend Griechisch. Es fehlt mir viel griechische Grammatik. Ich fühle mich in Deutschland nicht als Ausländer. Ich bin noch nie böse angesprochen worden.

Patrick, 15, aus Frankreich:

Ich wohne in der Nähe von Paris. Ich lerne seit fünf Jahren Deutsch. Ich war schon zweimal in Deutschland. Ich will die Sprache besser lernen. Ich will später Ingenieur werden. Ich spiele in meiner Freizeit am liebsten Fußball. Ich beschäftige mich auch gern mit Modellautos, die man fernsteuern kann. Ich finde manche Dinge in Deutschland unpraktisch, zum Beispiel die Öffnungszeiten der Geschäfte. Man kann in Frankreich fast immer einkaufen, sogar am Sonntag. Die Geschäfte in Deutschland machen abends und am Wochenende zu.

e) **Was fiel den Jugendlichen in Deutschland auf? / Was ist ihnen in Deutschland aufgefallen?**

Beispiel:
John hatte nicht erwartet, dass die Unterrichtseinheiten in Deutschland länger dauern.
Ihm fielen die längeren Unterrichtseinheiten in Deutschland auf / sind die längeren
Unterrichtseinheiten in Deutschland aufgefallen.

1. Kevin kannte den Kaffeeklatsch nicht.

_____

2. Ludmilla wusste vorher nicht, dass es in den Jugendherbergen so viel Komfort gab.

_____

3. Patrick stellte fest, dass die Läden in Deutschland nicht so lange geöffnet sind wie in Frankreich.

_____

4. Ilaria war von den schönen, alten Gebäuden beeindruckt.

_____

5. Bei einem Besuch in Griechenland bemerkten Tonis Verwandte, dass er im Griechischen manchmal Fehler machte.

_____

6. Susanna hatte nicht erwartet, dass das Klima so kalt war.

_____

15 Arbeit mit dem Wörterbuch

a) Lest die Auszüge aus dem Wörterbuch.

Das Wörterbuch gibt uns Informationen über:

die Wortart   Adjektiv ········

in·ter·es·sant *Adj*; **1** j-s Interesse (1) (er)weckend ⟨etw. i. finden⟩: *ein interessantes Buch, ein interessantes Problem* **2** so, daß viele Leute es haben wollen ≈ attraktiv (1), günstig ⟨ein Angebot, ein Geschäft⟩ **3** j-s Neugier erweckend: *Ich habe gestern e-e interessante Frau kennengelernt* **4 sich i. machen (wollen)** *pej*; ungewöhnliche Dinge sagen od. tun, damit die anderen auf einen aufmerksam werden

Präposition ········

Kasus ········

die Grammatik

träu·men; *träumte, hat geträumt;* ⟨Vi⟩ **1 (von j-m / etw.) t.** e-n Traum (1) haben (in dem j-d / etw. vorkommt): *Er hat von seiner Prüfung geträumt* **2 von etw. t.** den großen Wunsch haben, etw. zu erleben *o. ä.*: *Er träumt von e-r Weltreise* **3** unkonzentriert sein, nicht aufpassen: *Er träumt bei den Hausaufgaben* || ID **Das hätte ich mir nicht / nie t. lassen!** das hätte ich nie geglaubt || *zu* **3 Träu·mer** *der;* -s, -; **Träu·me·rin** *die;* -, -nen

Genitivendung ········
Singular/Plural ········

die Verwendung im Kontext ········

Ju·gend *die;* -; *nur Sg;* **1** die Zeit des Lebens, in der man kein Kind mehr, aber noch kein Erwachsener ist ↔ Kindheit, Erwachsenenalter: *In der / seiner J. war er sehr sportlich* || K-: *Jugend-, -alter, -erinnerungen, -freund, -jahre, -sünde, -traum, -zeit* **2** die Eigenschaften, die für diese Zeit typisch sind: *mit der Unbekümmertheit der J.* **3** *Kollekt;* junge Menschen dieses Alters ≈ Jugendliche ⟨die heranwachsende, heutige J.; die J. von heute⟩ || K-: *Jugend-, -alkoholismus, -arbeitslosigkeit, -buch, -film, -gruppe, -kriminalität, -literatur, -mannschaft, -organisation, -sendung, -strafanstalt, -zeitschrift* || -K: *Arbeiter-, Dorf-, Gewerkschafts-, Land-, Schul-, Stadt-* **4 die reifere J.** *Kollekt, hum / iron;* Menschen, die nicht mehr jung, aber auch noch nicht sehr alt sind

Außerdem bekommen wir Informationen über:

– *die Trennung,* z.B. in·ter·es·sant
– *die Betonung,* z.B. J<u>u</u>gend

b) Abkürzungen geben in Wörterbüchern wichtige Informationen.
Sucht die folgenden Abkürzungen in den Wörterbucheinträgen in a) und findet heraus, was sie bedeuten.

pej _____pejorativ (= abwertend, negativ)_____

≈ _____entspricht, bedeutet so viel wie, Synonym_____

Kollekt _____Kollektivbegriff_____

K _____

hum _____

iron _____

Vi _____

j-d (kommt im Traum vor) _____

j-s (Interesse wecken) _____jemandes_____

(von) j-m/etw. (träumen) _____

e-e (interessante Frau) _____

(von) e-r (Weltreise träumen) _____

e-n (Traum haben) _____

o.ä. _____

ID _____

c) Wie viele Bedeutungen hat _interessant_?
Welche Bedeutungen kennst du schon?

d) Um welche Wortart handelt es sich bei _interessant_,
träumen, _Jugend_?
Woran erkennst du das?

e) Wähle drei der Komposita unter _Jugend_ und erkläre sie.

f) Lies genau die verschiedenen Bedeutungen von _träumen_
und _interessant_.
Erkläre dann ihre Bedeutung in den folgenden Sätzen.

Mein Lehrer behauptet, ich würde im Unterricht nur
träumen.
Mein Vater hat sich nun doch für die Arbeit bei Siemens
entschieden. Dort hat man ihm das _interessanteste_
Angebot gemacht.

g) Schlag die folgenden Wörter in deinem Wörterbuch
nach. Welche Informationen bekommst du zu Betonung,
Silbentrennung, Wortart, Grammatik und ihrer Verwen-
dung im Kontext?

irrelevant – jucken – trauen – Intelligenzquotient –
eingängig – intern – Treck – Internat

Tipps zum Vokabellernen

Vokabeln sollte man regelmäßig lernen. Zehn Wörter
pro Tag sind genug.
Man kann sich die Wörter ein-
prägen, indem man sie
– laut spricht,
– schreibt,
– regelmäßig wiederholt,
– Beispielsätze formuliert.
Wörter, die Schwierigkeiten
machen, solltest du markieren
und ein paarmal wiederholen.
Dann solltest du kontrollieren,
ob du dich an die richtige Bedeutung der Wörter erinnerst,
und ob du sie richtig schreiben
kannst. Am meisten Spaß
macht es, wenn man zu zweit
kontrolliert!

Verben

sich amüsieren
sich anstrengen
jdn./etw. anziehen
    (zog an, angezogen)
sich anziehen
sich ärgern über (Akk)
jdm. auffallen
    (fiel auf, ist aufgefallen)
etw. aufräumen
sich ausruhen
etw. austauschen
jdn. begrüßen
berichten über (Akk)
sich beschäftigen mit (Dat)
etw. bestellen
etw. erfahren über (Akk)
    (erfuhr, erfahren)
sich erholen
jdn./etw. erwarten
sich freuen auf (Akk)
sich fühlen
jdm. gefallen
    (gefiel, gefallen)
sich gewöhnen an (Akk)
jdm. helfen
    (half, geholfen)
jdn. informieren über (Akk)
sich informieren über (Akk)
jdn. interessieren
sich interessieren für (Akk)
jdn./etw. kennenlernen
jdn. küssen
jdn. langweilen
sich langweilen
mitmachen bei (Dat)
sich streiten mit (Dat)
    (stritt, gestritten)
teilnehmen an (Dat)
    (nahm teil, teilgenommen)
träumen von (Dat)
jdn. treffen
    (traf, getroffen)
sich treffen mit (Dat)
jdn. umarmen
sich verabreden mit (Dat)
sich verletzen
jdn./etw. verstehen
    (verstand, verstanden)

Nomen

der Abschied
der Absender, -
der Alltag
die Anschrift, -en
die Anzeige, -n
die Arbeitsgruppe, -n
die Arbeitsteilung
die Ausbildung
der Ausflug, ⁓e
die Aussage, -n
der Austauschschüler, -
der Badeanzug, ⁓e

die Badewanne, -n
die Bekanntschaft, -en
die Besichtigung, -en
die Brieffreundschaft, -en
der Briefkasten, ⁓
die Briefmarke, -n
der Briefumschlag, ⁓e
die Clique, -n
das Computerspiel, -e
das Drittel, -
die Einladung, -en
der Empfänger, -
der/die Erwachsene, -n
das Fach, ⁓er
der Fan, -s
die Freizeitaktivität, -en
das Freizeitverhalten
die Fremdsprache, -n
die Gastfamilie, -n
das Gebäude, -
das Geschäft, -e
der/die Gleichaltrige, -n
die Hälfte, -n
der Haushalt, -e
die Heimat
der Höhepunkt, -e
die Jugendherberge, -n
der/die Jugendliche, -n
der Kaffeeklatsch
die Landschaft, -en
die Lebensweise, -n
die Lehre
das Mitglied, -er
die Muttersprache, -n
die Nationalität, -en
die Parallelklasse, -n
die Partnerschaft, -en
der Pass, Pässe
das Projekt, -e
der Schaum
der Schüleraustausch
die Schuluniform, -en
die Stadtbücherei, -en
die Stimmung, -en
der Traum, ⁓e
der Treffpunkt, -e
die Umfrage, -n
die Umgebung
die Umwelt
der Unterricht
der Verein, -e
der/die Verwandte, -n
das Viertel, -
der Volkstanz, ⁓e

Adjektive und Adverbien

der/die andere
anstrengend
befreundet mit (Dat)
begeistert von (Dat)
beliebt bei (Dat)
berühmt
einander
fast
freundlich zu (Dat)
gegenseitig
gemütlich
gewöhnlich
knapp
komisch
leider
manchmal
meistens
merkwürdig
nie
offiziell
regelmäßig
selten
spannend
stundenlang
tagsüber
traurig
ungefährlich
ungewöhnlich
unterwegs
zufrieden mit (Dat)
zweimal

Ausdrücke

ab und zu
alle zwei Wochen
viel/wenig aufhaben
Briefkontakt haben mit (Dat)
Einkäufe machen
entweder … oder
zur Erinnerung
etwas/viel/nichts erleben
einen Film drehen
Freundschaft schließen mit (Dat)
auf den Geist gehen
das klappt
eine ganze Menge
nämlich
so oft wie möglich
das Essen schmeckt (mir) wirklich gut
das macht (mir) Spaß
eine Sprache (fließend) sprechen
das stört mich (nicht)
umgehen können mit (Dat)
etw. unternehmen
den Tag / die Zeit verbringen mit (Dat)
sich (gut/nicht) verstehen mit (Dat)
Vorurteile abbauen
auf eigenen Wunsch
zwar …, aber

16 a) Ergänze die passenden Verben.

1. von einem Filmstar _träumen_

2. sich mit Alexis gut _____

3. sich mit der Zeit an das andere Klima _____

4. Freunde zur Begrüßung _____

5. sich schon jetzt auf die Ferien _____

6. sich mit einem Freund für die Disko _____

7. im Studio einen Film _____

8. am Schulausflug _____

9. im Radio über das Freizeitverhalten der Jugendlichen _____

10. durch den Schüleraustausch Vorurteile _____

b) Ergänze passende Nomen.

1. aufräumen _das Zimmer, die Wohnung_____

2. aufhaben _____

3. austauschen _____

4. bestellen _____

5. erwarten _____

6. informieren _____

7. erfahren _____

8. helfen _____

17 a) Ergänze die passenden Nomen.

1. Die ganz besondere Art eines Volkes zu denken und zu handeln: _Mentalität_____

2. Dort treffen wir uns: _____

3. Jemand, der gleich alt ist: _____

4. Man erlernt einen Beruf: _____

5. Ein Haus, in dem Jugendliche übernachten und essen können: _____

6. Mehrere teilen sich eine Arbeit: _____

7. Man besucht z.B. die Sehenswürdigkeiten eines Landes: _____

8. In manchen Ländern tragen alle Schüler die gleiche Kleidung: _____

9. Heute haben wir Englisch, Geschichte, Musik und zwei Stunden Kunst. Das sind vier verschiedene

_____.

10. Wasser und Seife machen _____.

11. Schulklassen aus verschiedenen Ländern besuchen sich gegenseitig: _____

12. Ohne sie wird ein Brief von der Post nicht transportiert: _____

b) Erkläre die Bedeutung der Wörter.

1. der Briefkasten: _Man wirft einen Brief hinein und die Post transportiert ihn zum Empfänger._

2. der Absender: _____

3. der Verwandte: _____

4. die Lebensweise: _____

5. der Badeanzug: _____

6. der Ausflug: _____

c) Ergänze das Gegenteil.

1. das Nichtstun   _die Freizeitaktivität_   4. die Fremde _____

2. die Wirklichkeit _____   5. ein Sonntag, ein Festtag _____

3. der Jugendliche _____   6. die Fremdsprache _____

18 Suche alle maskulinen und neutralen Nomen aus der Wortliste. Welche Endungen haben sie im Plural? Welche Endungen kommen besonders häufig vor?

19 Ergänze zwei bis drei passende Adjektive aus der Wortliste.
(Es gibt mehrere Möglichkeiten.)

gemütliche, ... _____ Wohnungen

_____ Vornamen

_____ Einladungen

_____ Fächer

_____ Austauschschüler

_____ Filmstars

_____ Ausflüge

_____ Hobbys

_____ Gastfamilien

20 Was passt: *andere, anderen, anderes, anders*?

1. Dieses Hemd gefällt mir besser als das

   andere.

2. Hier kommen wir nicht zur Autobahn.

   Es muss noch einen _____ Weg geben.

3. Außer Sport habe ich noch viele

   _____ Hobbys.

4. Ich habe die Aufgabe _____ gerechnet, aber dieselbe Lösung gefunden.

5. Welche _____ Fremdsprachen außer Deutsch kannst du noch?

6. Die Spanier begrüßen sich ganz

   _____ als die Deutschen.

7. Gehen wir lieber in ein _____ Geschäft. Hier ist alles so teuer.

8. Jedes Volk hat eine _____ Lebensweise.

9. Letzten Monat war unser Sportlehrer krank, und da hatten wir einen Lehrer

   von einer _____ Schule.

10. Die Amerikaner sind eben _____ als die Deutschen.

21 Zeitdauer

a) Ergänze die fehlenden Ausdrücke.

sekundenlang	=	_einige Sekunden lang_
minutenlang	=	_____
_____	=	einige Stunden lang
tagelang	=	_____
_____	=	mehrere Wochen lang
monatelang	=	_____
_____	=	ein paar Jahre lang
_____	=	mehrere Jahrzehnte lang

b) Setze das passende Zeitadverb ein.

1. Ich habe _jahrelang_ in Bonn gelebt: Von 1988 bis 1992.

2. Warum musst du immer _____ telefonieren? Seit zwei Stunden möchte ich meine Freundin anrufen.

3. Er ist nun schon _____ krank: Seit Dienstag war er nicht mehr in der Schule.

4. _____ hat meine Oma in diesem Haus gewohnt, ich glaube, seit dem Krieg, und jetzt soll das Haus abgerissen werden!

5. Weil er sich beim Training verletzt hatte, musste er _____ einen Gips tragen. Genau 21 Tage hat es gedauert.

22 Wie oft machst du das? Kreuze an und berichte.

Beispiel: Ich lese so oft wie möglich Zeitungen und Zeitschriften.

	Freunde zu dir nach Hause einladen	in die Disco gehen	mit Freunden telefonieren	am Computer sitzen	Musik hören	ins Konzert gehen	gegen die Parallelklasse Fußball spielen	etwas mit deinen Eltern unternehmen	Klavierstunde o.ä. haben	den Eltern helfen	Verwandte besuchen	an einer Arbeitsgruppe teilnehmen	Bücher/Zeitschriften/ Zeitungen lesen
jeden Tag													
so oft wie möglich													X
ein-/zwei-/dreimal in der Woche													
alle 2/3/4 Wochen													
ab und zu													
nie													

23 Welche Wörter passen zu den Wörterbucherklärungen?

1. __meistens__   Adv; in den meisten Fällen, fast immer

2. _____ $\boxed{Vi}$ (mit j-m) (um/über etw. Akk) s.; voller Ärger mit j-m sprechen, weil man eine andere Meinung hat o.ä.

3. _____ die; -, -en; die Zugehörigkeit (e-s Bürgers) zu e-m bestimmten Staat = Staatsangehörigkeit

4. _____ Konjunktion; e. … oder; verwendet, um auszudrücken, dass es zwei od. mehr Möglichkeiten gibt (von denen aber nur eine gewählt wird)

5. _____ $\boxed{Vt}$ (j-d/etw. e.) e-e Erfahrung machen, indem man etw. fühlt, etw. mit einem geschieht od. getan wird

6. _____ der; -es, -e; ein (traditioneller) Tanz, der bes für e-e Gegend typisch ist

7. _____ *Adj.* nicht *Adv*; meist wegen besonderer Merkmale od. Leistungen sehr vielen Leuten bekannt u. von ihnen anerkannt; (mit e-m Schlag) b. werden

8. _____ die; -, -n; jeder der zwei gleichen Teile e-s Ganzen,

ein bestimmter Teil e-r Sache, die man nicht zählen kann

9. _____ *Adj;* öffentlich u. feierlich; ‖ -K: halb-, hoch-

24 Ergänze Ausdrücke aus dem Kasten. (Sechs bleiben übrig.)

Haushalt   auffallen   schmecken   erleben   Mahlzeit   Umgebung   ~~sich anstrengen~~

Geschäft   tagsüber   Gebäude und Straßen   gewöhnlich   Mitglied   Empfänger   Umschlag

1. in den Ferien – sich ausruhen bei der Arbeit – <u>sich anstrengen</u>

2. CD, Musik, Stadt – gefallen Essen – _____

3. einen Brief schreiben – Absender einen Brief bekommen – _____

4. Landschaft – Bäume, Wiesen, Berge Stadt – _____

5. etwas Bekanntes – keinen Eindruck machen etwas anderes, Besonderes – _____

6. Schulklasse – Schüler Verein – _____

7. schlafen – in der Nacht essen, arbeiten, spielen – _____

8. Rasen mähen, Blumen gießen – Garten kochen, sauber machen – _____

25   Spiele mit Wörtern

a) Worttreppe

Findet Wörter, die mit dem letzten Buchstaben des vorigen Wortes beginnen.

Wor **t**
    T repp **e**
       E sel

b) Wortketten

Findet Wörter, die zum vorigen Wort passen.

Tee → Tasse → Teller → Pizza

Wie beurteilst du deinen Lernerfolg?

a) Was kannst du jetzt gut/schon besser als vorher?
    Wo hast du noch große Probleme?
    Kreuze an.

	gut	schon besser als vorher	Es gibt noch große Probleme.
Texte hören, lesen und verstehen — die wichtigsten Informationen von Texten mit einigen unbekannten Wörtern verstehen	☐	☐	☐
bestimmte Einzelheiten in Texten mit einigen unbekannten Wörtern verstehen	☐	☐	☐
dabei „Tricks" anwenden, um unbekannte Wörter zu erraten	☐	☐	☐
mit einem einsprachigen Wörterbuch arbeiten	☐	☐	☐
sprechen und schreiben — über Freizeitaktivitäten berichten	☐	☐	☐
kulturelle Merkmale verschiedener Länder miteinander vergleichen	☐	☐	☐
einen persönlichen Brief schreiben	☐	☐	☐
dabei vor allem — den entsprechenden Wortschatz verwenden	☐	☐	☐
Adjektive im Plural deklinieren	☐	☐	☐
Verben mit *sich* verwenden	☐	☐	☐
Sätze verbinden (mit *und, aber, denn* usw.)	☐	☐	☐
einen Satz richtig betonen und an der richtigen Stelle die Stimme heben und senken.	☐	☐	☐

b) Ich weiß jetzt Folgendes über das Freizeitverhalten der deutschen Jugendlichen und ihre Kontakte zu ausländischen Jugendlichen:

_____

_____

_____

_____

_____

_____

1 **Ergänze die Sätze nach den Statistiken (LB, A1).**

Beispiel:
Für weniger als ein Prozent der Mädchen _spielt der Vater eine Rolle._ _____

1. Über ein Viertel der Mädchen _____ ,

   aber weniger als ein Fünftel der Jungen _____

2. Für fast die Hälfte der Mädchen, aber weniger als ein Zehntel der Jungen _____

   _____

3. Über die Hälfte der Mädchen und fast die Hälfte der Jungen geben an, dass für sie _____

   _____

4. Für etwa ein Drittel der Mädchen ist _____

5. Mehr als ein Drittel der Jungen, aber weniger als ein Zehntel der Mädchen _____

   _____

6. Fast ein Fünftel der Mädchen gibt an, dass sie _____

7. Für fast so viele Jungen wie Mädchen _____

2 **Welche Verben werden mit den folgenden Präpositionen verwendet? Mach in deinem Heft eine Liste mit den Verben aus LB L1 und L2, A2.**

| Präposition + Akkusativ |
| an auf für gegen in |
| über um |

schreiben an
…

| Präposition + Dativ |
| an bei mit nach |
| von vor zu |

teilnehmen an
…

3 **Lies das Gedicht einer Schülerin. Schreib selbst ein ähnliches Gedicht.**

Ich denke an meine Freunde.
Ich mag sie.
Ich denke an die Ferien.
Ich freue mich.
Ich denke an die Schule.
Ich fühle mich schlecht.
Ich träume von ihm.
Ich bin glücklich.
Ich denke an das Wochenende.
Ich bin zufrieden.

4 Wie ist es bei dir?
Berichte über dich und deine Familie.

Beispiel:
Daran nehme ich teil: _an einer Computer-AG, an einem Jugendaustausch_ _____

1. Damit beschäftige ich mich gern: _____

2. Daran erinnert sich meine Oma: _____

3. Davor warnen mich meine Eltern: _____

4. Darüber diskutiere ich mit meinen Freunden: _____

5. Darauf freue ich mich immer: _____

6. Davon träume ich oft: _____

7. Darüber wundere ich mich manchmal: _____

8. Darüber ärgert sich mein Vater: _____

9. Dafür interessiert sich meine Mutter: _____

10. Darum bitte ich meine Geschwister: _____

5 Ergänze die Fragen und Antworten wie in den Beispielen.

Beispiele:

● _Worauf_ bereitest du dich gerade vor?　● _Über wen_ hast du dich geärgert?

▲ _Auf die_ Mathematikarbeit.　　　　　▲ _Über meinen_ Bruder.

1. ● _____ habt ihr gestern im Eiscafé gesprochen?

   ▲ _____ neue Schülerzeitung.

2. ● _____ hast du diesen Brief geschrieben?

   ▲ _____ Oma. Sie hat schon lange keinen Brief mehr von mir bekommen.

3. ● _____ willst du dich im Reisebüro erkundigen?

   ▲ _____ Preisen für Flüge in die USA.

4. ● _____ verstehst du dich besser?

   _____ Mutter oder _____ Vater?

5. ● _____ wurde in dieser Sendung berichtet?

   ▲ _____ Umwelt-Aktion von Greenpeace.

6. ● _____ hast du dich heute Abend verabredet?

   ▲ _____ neuen Freundin.

7. ● _____ hast du geholfen?

   ▲ _____ Organisation unserer Klassenreise.

6   **Antworte wie in den Beispielen.**

Beispiele:

● Hast du Maria angerufen?

▲ Nein, ich _habe nicht mehr daran gedacht._
(nicht mehr/denken)

● Ist deine Freundin schon wieder mit Bruno ins Kino gegangen?

▲ Ja, und ich _ärgere mich sehr darüber._
(sehr/sich ärgern)

1. ● Weißt du, wie unsere Mannschaft gestern gespielt hat?

   ▲ Nein, und ich _____
   (auch gar nicht/sich interessieren)

2. ● In welches Kino sind sie gegangen?

   ▲ Sie haben es mir gesagt, aber _____
   (nicht mehr/sich erinnern können)

3. ● Weißt du, wann der Bus abfährt?

   ▲ Nein, _____
   (noch nicht/sich erkundigen)

4. ● Habt ihr gestern im Fernsehen gesehen, wie sich Kängurus streiten?

   ▲ Ja, das war irgendwie lustig und wir _____
   (sehr/lachen)

5. ● Ich habe mir immer gewünscht, viel Geld zu haben.

   ▲ Ich _____
   (auch immer/träumen)

6. ● Warum weißt du so viel über französische Literatur?

   ▲ Ich _____
   (sehr viel/sich beschäftigen)

7. ● Letzte Woche hat in unserer Gegend eine neue Disko aufgemacht.

   Hast du _____
   (hören)

   ▲ Ja, die Zeitungen _____
   (auch/berichten)

8. ● Wir machen bald Ferien an der Nordsee.

   ▲ Wir auch. Wir _____
   (schon/sich freuen)

7 **Ergänze die Sätze wie in den Beispielen. (Es gibt immer nur eine Möglichkeit.)**

Ich verlasse mich (mein Freund) _Ich verlasse mich auf meinen Freund._

Ich verlasse mich (mein Freund hilft mir) _Ich verlasse mich darauf, dass mir mein Freund hilft._

1. Er beschäftigt sich (der Umweltschutz)

_____

2. Sie achtet (ihre gute Figur behalten)

_____

3. Sie träumen (Michael Jackson gibt ein Konzert in ihrer Schule.)

_____

4. Ich ärgere mich (der schlechte Film)

_____

5. Er freut sich (der Computer funktioniert wieder)

_____

6. Wir reden (der neueste Hit von U2)

_____

7. Ich warte (ein Brief von meinem Brieffreund)

_____

8. Sie bedankt sich bei ihrer Tante (Sie hat ihr Karten für das Konzert von U2 geschenkt.)

_____

9. Die Schüler diskutieren (das Fußballturnier an ihrer Schule)

_____

10. Ich erinnere mich gar nicht (Ich habe das gesagt.)

_____

8 Akrobatik international

a) Lies den Text.

„Sie müssen sich vertragen, sonst funktioniert es nicht", sagt ihr Lehrer. Die Schüler einer Hauptschule in Berlin-Kreuzberg kommen aus Deutschland, Polen, Italien, Jordanien, Rußland, der Türkei und Sri Lanka. Alle haben eines gemeinsam: Sie interessieren sich für Akrobatik. Ihr Lehrer ist der frühere polnische Nationaltrainer Andrej Patla. Für eine Schulaufführung übten die jungen Akrobaten, wie man eine „Mauer-Pyramide" baut. Die „Mauer" soll langsam zusammenfallen — ein Symbol für die Mauern zwischen allen Nationen. Bei der Übung lernten die Schüler, sich aufeinander zu verlassen. „Hauptsache, jeder hilft jedem", sagt ein jordanischer Junge.

b) Kreuze die richtigen Aussagen an.

- ☐ 1. Schüler aus verschiedenen Nationen besuchen dieselbe Schule in Berlin-Kreuzberg.
- ☐ 2. Die Schüler sind nach Deutschland gekommen um hier zur Schule zu gehen.
- ☐ 3. Die Schüler beschäftigen sich mit demselben Hobby.
- ☐ 4. Die Schüler wollen für die Schule eine Mauer bauen.
- ☐ 5. Der Lehrer ist Nationaltrainer in Polen.
- ☐ 6. Die Schüler wollten eine Mauer zwischen den Völkern symbolisieren.
- ☐ 7. Die Schüler müssen sich gegenseitig bei der Übung helfen.

c) Was machen die jungen Akrobaten? Schreib die Sätze wie im Beispiel.

Einer verlässt sich auf den anderen. _Sie verlassen sich aufeinander._

1. Einer stellt sich auf den anderen. _____

2. Einer achtet auf den anderen. _____

3. Einer verständigt sich mit dem anderen. _____

4. Einer übt mit dem anderen. _____

5. Einer lernt vom anderen. _____

6. Einer verträgt sich mit dem anderen. _____

7. Einer hört auf den anderen. _____

8. Einer trainiert mit dem anderen. _____

9 Erweitere deine Liste in Übung 2 mit weiteren Verben mit Präpositionen aus LB L2, A1-A4 und AB 4-8.

10 **Ergänze die Sätze mit den Ausdrücken im Kasten. Formuliere wie im Beispiel.**

Bernd ruft Claudia an.
Bernd ruft Claudia an, weil er sich mit ihr verabreden will.
Bernd ruft Claudia an, denn er will sich mit ihr verabreden.
Bernd will sich mit Claudia verabreden. Deshalb ruft er sie an.

1. Die meisten Jugendlichen haben kein Auto.
2. Die Jugendlichen gehen in die Disko.
3. Jörg macht eine große Party.
4. Georg arbeitet in den Ferien.
5. Petra und Frank wohnen nicht in derselben Stadt.
6. Eva bekommt nicht viel Taschengeld.
7. Manuel macht seine Hausaufgaben zusammen mit seinen Freunden.
8. Susanne hat immer gute Laune.
9. Christian hat keine Lust zum Lernen.
10. Sibylle liest gerne Bücher.

Geburtstag haben ■ schlechte Noten bekommen ■ nicht jeden Tag ins Eiscafé gehen können ■ sich nicht täglich treffen können ■ sich verabreden wollen ■ mit dem Bus fahren ■ das Lernen mit anderen mehr Spaß machen ■ bei allen beliebt sein ■ dort Freunde treffen können ■ oft in die Bibliothek gehen ■ sich ein neues Fahrrad kaufen wollen

11 **Für eine Freundin keine Zeit**

Robert Lange (17) ist Fußballtorwart in der Jugendnationalmannschaft. Hier erfährst du einiges über ihn.

Ergänze den Text mit den Sätzen im Kasten.

Er kann kaum mehr lernen.
Er fehlt oft in der Schule.
Er will Berufstorwart werden.
Er hat keine Zeit für eine Freundin.
Er hat dort kein Tor zugelassen.
Er ist danach ganz kaputt.
Er hat im berühmten Wembley Stadion gespielt.
Er hört allein Musik oder sieht fern.
Er macht Deutsch und Biologie am liebsten.
Er trainiert schon jetzt täglich viele Stunden.
Er muss an vielen Wettkämpfen in anderen Städten teilnehmen.
Er mag Physik und Französisch nicht.

Schon mit 16 _hat er im berühmten Wembley-Stadion gespielt_ und _dort hat er kein Tor zugelassen._

Nach dem Abitur _____ .

Deshalb _____

Nach dem Training _____ ,

weil _____

Das ganze Jahr _____ .

Deshalb _____

Von allen Schulfächern _____ ,

aber _____ `

In den wenigen freien Stunden am Wochenende _____ ,

denn _____

12 Die neue Schülerin

Der Text ist aus dem Jugendbuch *Bitterschokolade*.

a) Lies den Text.

In der Schule war es wie immer, seit Franziska neu in die Klasse gekommen war, Franziska, die seltsamerweise noch immer neben Eva saß, nach vier Monaten immer noch.

5 Eva hatte lange allein gesessen, fast zwei Jahre lang, an dieser Bank ganz hinten am Fenster. Früher einmal war es Karola gewesen, die ihr morgens erzählt hatte, was gestern alles passiert war, und Eva, was passierte schon bei ihr, hatte

10 es aufgesogen wie ein Schwamm, hatte Karolas Leben mitgelebt, Geburtstagsfeiern, Kinobesuche, die berühmte Schauspielertante, den Reitunterricht, alles hatte Eva miterlebt, bis das Miterleben schal wurde und verblasste in der

15 Eifersucht.[1] Karola und Lena, Lena und Karola. Lena, die Elegante. „Lena kann auch reiten! Findest du das nicht toll? Für nächsten Sonntag haben wir uns verabredet."
Eva hatte genickt. „Toll." Eva hatte Karola wei-

20 ter abschreiben lassen, hatte gelächelt, hatte „Ja" gesagt und „Nein" gemeint, hätte schreien wollen, brüllen, der Lena die langen, blonden Haare ausreißen, aber sie hatte gelächelt. Und bei der nächsten Gelegenheit hatte sie den

25 Platz in der letzten Reihe am Fenster gewählt. Allein.
Karola und Lena saßen in der Bank vor ihr. Eva konnte die morgendlichen Gespräche hören: Mensch, Lena, gestern bei der Party

30 habe ich …! Meine Mutter hat mir einen Pulli mitgebracht, Spitze, sag ich dir! Eva konnte auch sehen, wie Karola der Lena die Hand streichelte. Eva wusste, wie weich Karolas Hände waren.

35 Und dann war der Tag gekommen, vor vier Monaten, dass Franziska in der Tür gestanden hatte, langhaarig, schmal. „Ja, ich komme aus Frankfurt. Wir sind umgezogen, weil mein Vater hier eine Stelle an einem Krankenhaus

40 bekommen hat."
Und Herr Hochstein hatte gesagt: „Setz dich neben Eva."
Franziska hatte Eva die Hand gegeben, eine kleine Hand, kleiner als Bertholds, und sich ge-

45 setzt. Herr Hochstein hatte sie gefragt, was sie denn in ihrer alten Schule zuletzt durchgenommen hatten in Mathe. Und als er feststellte, dass sie ziemlich weit zurück war, wandte er sich an die Klasse und sagte mit einem Lächeln,

50 das kein Lächeln war, einem Lächeln, das seinen Mund nur in die Breite zog, einem Lächeln, das Eva schon lange auf die Nerven gegangen war: „Franziska wird lange brauchen, bis sie unseren Standard erreicht haben wird."

55 Eva sah, dass Franziska rot wurde. Sie sah sehr jung aus, verlegen wie Berthold unter Vaters Bemerkungen. Und Eva stand auf und sagte ganz laut: „Herr Hochstein, wollen Sie damit sagen, dass wir klüger sind als die Schüler in

60 anderen Schulen?"
Karola drehte sich um. „Gut", flüsterte sie.
„Aber nein", stotterte Herr Hochstein, dem schadenfrohen Grinsen der Mädchen ausgeliefert, „so war das nicht gemeint. Es ist nur der

65 Lehrplan, weißt du …!"
Eva war über sich selbst erschrocken.
„Danke", flüsterte das Mädchen neben ihr.
Als die Stunde vorbei war, wandte sich Herr Hochstein noch einmal an Franziska. „Du hast

70 Glück, dass du neben unserem Mathe-Ass sitzt. Eva könnte dir viel helfen."
Diesmal war Eva nicht ganz sicher, ob es wirklich spöttisch gemeint war. Es klang fast wie ein gut gemeinter Rat.

[1] Eifersucht: ein Gefühl des Neids

b) Schreib einen zusammenhängenden Text zu den folgenden Punkten (jeweils 2–3 Sätze). (Im LB, L5, erfährst du mehr über Eva.)

- Evas Verhältnis zu den Mitschülerinnen
- das Verhalten des Lehrers der neuen Schülerin gegenüber
- Evas Reaktion darauf
- das Ende der Stunde

13 Zeichensetzung

s. GR 4

a) Lies die Beispiele und Regeln.

1. Sibylle geht gern auf den Flohmarkt, weil sie sich für alte Schallplatten interessiert.
Sibylle geht gern auf den Flohmarkt, denn sie interessiert sich für alte Schallplatten.
Da Sibylle sich für alte Schallplatten interessiert, geht sie gern auf den Flohmarkt.
Sibylle interessiert sich für alte Schallplatten, und weil es auf dem Flohmarkt eine große Auswahl gibt, geht sie gern dorthin.

> Sätze mit *weil, da, denn* werden immer durch Komma abgetrennt, ebenso Sätze mit *und weil, aber weil*.

2. Sibylle interessiert sich für alte Schallplatten. Deshalb geht sie gern auf den Flohmarkt.
Sibylle interessiert sich für alte Schallplatten; deshalb geht sie gern auf den Flohmarkt.
Sibylle interessiert sich für alte Schallplatten, deshalb geht sie gern auf den Flohmarkt.

> Vor *deshalb/deswegen* kann ein Punkt, ein Semikolon oder ein Komma stehen.
> Der Punkt trennt die Sätze am stärksten, das Komma trennt die Sätze am schwächsten.

b) Ergänze die fehlenden Satzzeichen.

Liebe Gabi,

ich hatte für letzten Samstag alle meine Freunde und Freundinnen eingeladen weil ich Geburtstag hatte. Und da das Wetter toll war habe ich beschlossen eine Gartenparty zu machen. Am Vormittag ging ich mit meinen Eltern einkaufen denn allein konnte ich ja nicht die vielen Getränke besorgen. Ich wollte nicht den ganzen Tag kochen und backen deshalb holten wir Pizzas und Kartoffelchips. Wir bestellten auch drei Torten beim Bäcker weil man seinen Geburtstag schließlich nicht ohne Torte feiern kann. Gegen Mittag fing ich mit den Vorbereitungen im Garten an denn es gab eine Menge Arbeit. Meine beiden Brüder halfen mir dabei deshalb ging auch alles viel schneller. Wir brachten Tische und Stühle in den Garten, stellten Gläser und Teller auf die Tische und suchten die passende Musik aus. Zwei Stunden vor Beginn der Party fing es leider an zu regnen. Wir mussten deshalb alles wieder ins Haus bringen. Die Party war aber dann trotzdem ganz toll weil alle gute Laune hatten. Schade, dass du nicht kommen konntest.

Viele Grüße
deine Freundin Iris

14 **Sieh dir noch einmal die Tabelle im LB, C1c) an und ergänze die passenden Formen.**

Petra und Markus besuchen _dieselbe_ Schule. Sie sind aber nicht in _____ Klasse. Sie mögen beide _____ Schulfächer. Morgens fahren sie mit _____ Schulbus zur Schule. Schon zwei Jahre ist es _____ Busfahrer. Sie sind in ihrer Clique immer mit _____ Leuten zusammen. Sie reden fast immer über _____ Themen. Petra hat schon fünf Jahre _____ Mathe-lehrer. Markus und Petra haben in der Deutsch-arbeit über _____ Thema geschrie-ben.

Alle Schüler hatten bei _____ Mathe-aufgabe Probleme. Gestern wollten sie ins Kino gehen, aber nicht alle wollten _____ Film sehen. Petra und Markus finden _____ Schauspielerin toll. Petra be-schäftigt sich in ihrer Freizeit mit _____ Hobbys wie Markus.

15 **Susanne und Marianne sind Zwillinge.**
Sie haben dieselben Eltern.
Sie tragen die gleiche Kleidung.

> Der Unterschied zwischen derselbe und der gleiche spielt in der Alltagssprache keine große Rolle mehr.

Schreib Sätze und benutze *derselbe* oder *der gleiche* in der richtigen Form.

1. Sie wohnen beide in der Bahnhofstraße 5 im dritten Stock.

   Sie haben _dieselbe Anschrift._ _____

2. Sie heißen beide Müller. Sie haben _____

3. Sie sammeln beide alte Schallplatten. Sie haben _____

4. Susanne spielt im Sportclub Berlin Handball und Marianne auch. Sie spielen in _____

5. Susanne und Marianne haben beide graublaue Augen. _____

6. Sie haben sich beide in Patrick verliebt. Sie haben sich _____

7. Sie sind beide groß und schlank. Sie haben _____

8. Manchmal trägt Susanne weiße Sportschuhe und manchmal Marianne.

   Sie tragen abwechselnd _____

Wortbildung des Nomens (1): Zusammengesetzte Nomen (Nomen + Nomen)

Beispiele:

der Umwelt-schutz	=	der Schutz *der Umwelt*
das Sonne-n-licht	=	das Licht *der Sonne*
die Disko-bekanntschaft	=	die Bekanntschaft, *die man in der Disko gemacht hat.*
die Besichtigung-s-zeit	=	die Zeit, *in der man etwas besichtigen kann.*
das Jugend-magazin	=	das Magazin *für die Jugend*
das Farb-foto	=	das Foto *in Farbe*

Betonung und Artikel

Betonung auf dem Bestimmungswort
(Júgendmagazin)
Artikel vom Grundwort
(*die* Jugend + *das* Magazin = *das* Jugendmagazin)

Alternative Formulierungen

Beispiele:

das Bilderbuch	ein Buch *mit vielen Bildern und wenig Text*	(mit Präposition)
	ein Buch, *in dem es viele Bilder gibt*	(Relativsatz)
das Kindertheater	ein Theater *für Kinder*	(mit Präposition)
	ein Theater, *in dem Stücke für Kinder gespielt werden*	(Relativsatz)
das Sonnenlicht	das Licht *der Sonne*	(Genitiv)
	das Licht, *das von der Sonne kommt*	(Relativsatz)

Besonderheiten:

1. Zwischen zwei Nomen steht immer ein *-s-* nach:

   - *tät*:   der Mentalitätsunterschied
   - *ung*:   der Leistungsdruck
   - *ling*:   die Lieblingsbeschäftigung
   - *schaft*: das Landschaftsbild
   - *heit*:   das Schönheitsideal
   - *keit*:   die Höflichkeitsformel

2. In vielen Fällen steht zwischen den beiden Nomen ein *-n-*:
   das Sonne*n*licht, die Gruppe*n*reise, die Marke*n*kleidung, der Sonne*n*hut, das Tasche*n*geld

3. In einigen Fällen fällt das *-e* am Ende des ersten Nomens weg:
   die Lehrstelle, der Farbstift, der Schulbus

16 **Ergänze die passenden Wörter mit dem richtigen Artikel.**

1. die Ferien im Sommer: _die Sommerferien_ _____

2. die Gebäude der Fabrik: _____

3. das Spiel, das man am liebsten spielt: _____

4. die Möglichkeiten zur Unterhaltung: _____

5. das Café, in dem sich Schüler treffen: _____

6. die Musik, die man oft in der Disko spielt: _____

7. der Sport, den man in der Schule macht: _____

8. die Familie, bei der Schüler im Ausland zu Gast sind: _____

9. der Umschlag für einen Brief: _____

10. das Verhalten in der Freizeit: _____

11. eine Uniform, die man in der Schule trägt: _____

17 **Formuliere Alternativen wie im Beispiel.**
(Manchmal gibt es verschiedene Möglichkeiten.)

1. Bücherschrank _der Schrank für Bücher; der Schrank, in dem Bücher stehen_ _____

2. Sportplatz _____

3. Fußballmannschaft _____

4. Sommertag _____

5. Winterferien _____

6. Mädchenclique _____

7. Diskobesuch _____

8. Klassenreise _____

9. Ortsname _____

10. Buchseite _____

11. Weinglas _____

Verben

achten auf (Akk)
angeben
 (gab an, angegeben)
jdn./etw. akzeptieren
sich anpassen
ausgehen
 (ging aus, ist ausgegangen)
aussehen
 (sah aus, ausgesehen)
sich bedanken bei (Dat) für (Akk)
sich beklagen über (Akk)
jdn./etw. bemerken
berichten über (Akk)
jdn./etw. beschreiben
 (beschrieb, beschrieben)
bestimmen
jdn. bitten um (Akk)
 (bat, gebeten)
dazugehören
denken an (Akk)
 (dachte, gedacht)
diskutieren mit (Dat) über (Akk)
sich erinnern an (Akk)
jdn./etw. erkennen
 (erkannte, erkannt)
sich erkundigen nach (Dat)
halten zu (Dat)
 (hielt, gehalten)
hören auf (Akk)
jdn./etw. kennen lernen
sich kümmern um (Akk)
jdn. nerven
passen zu (Dat)
proben
reden über (Akk)
streiten mit (Dat) über (Akk)
 (stritt, gestritten)
telefonieren mit (Dat)
trainieren
sich trennen von (Dat)
etw. üben
sich unterhalten mit (Dat) über (Akk)
 (unterhielt, unterhalten)
etw. unternehmen
 (unternahm, unternommen)
sich verhalten
 (verhielt, verhalten)
sich verlassen auf (Akk)
 (verließ, verlassen)

sich verlieben in (Akk)
sich verständigen mit (Dat)
versuchen
sich vertragen mit (Dat)
 (vertrug, vertragen)
jdm. vertrauen
sich vorbereiten auf (Akk)
jdn. warnen vor (Dat)
sich wehren gegen (Akk)
sich wundern über (Akk)
zerbrechen an (Dat)
 (zerbrach, ist zerbrochen)
zusammenhalten
 (sie hielten zusammen,
 haben zusammengehalten)
zusammenpassen

Nomen

der Angeber, -
die Angeberin, -nen
die Angst, Ängste
das Aussehen
die Beziehung, -en
der Charakter, -e
die Eigenschaft, -en
die Ehrlichkeit
die Generation, -en
die Gruppe, -n
die Hilfe
der Humor
die Intelligenz
die Kameradschaft
die Kleidermarke, -n
der Konkurrenzkampf
die Leistung, -en
der Leistungsdruck
die Mannschaft, -en
die Markenkleidung
das Mitglied, -er
der Mut
der Partner, -
die Partnerin, -nen
die Sexualität
die Stereoanlage, -n
der Streit
das Verständnis
die Vertrauensperson, -en
das Vorbild, -er
die Zärtlichkeit
der Zwilling, -e

Adjektive und Adverbien

anstrengend
draußen
früher
gleich
gleichzeitig
heimlich
hübsch
kompliziert
modisch
oberflächlich
romantisch
schüchtern
stark
streng
unzertrennlich
zufrieden

Ausdrücke

es gibt Ärger
einen guten/schlechten Geschmack
 haben
Interesse haben an (Dat)
ein Problem/Probleme/Aufgaben
 lösen
(k)eine eigene Meinung haben
(k)eine große/wichtige Rolle spielen
Vertrauen haben zu (Dat)
zu zweit

18 **Stell passende Fragen. Nimm dazu die Verben im Kasten.**

1. Warum habt ihr euch denn getrennt?   Weil wir einfach nicht zusammenpassen.

2. _____ ? Über Peters Vorschlag.

3. _____ ? Auf die Prüfung.

4. _____ ? Meiner besten Freundin.

5. _____ ? Wir sind ins Kino gegangen.

6. _____ ? Auf meine Clique.

7. _____ ? Einfach toll!

8. _____ ? Auf Englisch.

9. _____ ? Zu deinen schwarzen Jeans.

10. _____ ? Auf einer Party.

passen   sich verständigen   vertrauen   unternehmen

aussehen   sich verlassen   kennenlernen   sich vorbereiten

diskutieren   sich trennen

19 **Was passt: *proben, üben, trainieren, versuchen*?**

> proben: Theater, Konzert, Aufführung
> trainieren: Sport
> üben: Musikinstrumente, Unterricht, Sprache (Sport)
> versuchen = probieren

1. Die Schauspieler _proben_ für das Theaterstück.

2. Diese Wörter sprichst du immer wieder falsch aus. Du musst öfter

   deine Aussprache _____ .

3. Leistungssportler _____ täglich mehrere Stunden.

4. Ich weiß nicht, ob ich die Aufgabe lösen kann. Ich _____ es.

5. Meine Schwester muss jeden Tag Klavier _____ .

6. Die Musiker _____ mit dem Dirigenten für das Konzert.

7. Wir _____ auf dem Sportplatz für das Schulsportfest.

8. Ich kann den Kopfstand noch nicht richtig. Ich muss noch etwas _____ .

9. Ich habe noch nie ein Gedicht geschrieben. Ich kann es ja mal _____ .

20 **Welcher Ausdruck aus der Wortliste passt?**

1. Schon in der Schule kämpft jeder gegen jeden, weil der _Leistungsdruck_ so groß ist.

2. Er trägt meistens gelbe Hosen und rote Schuhe. Ich finde, dass er einen sehr _____ hat.

3. Du machst immer nur das, was die anderen bestimmen. Hast du keine _____?

4. Ich gehe nicht um Mitternacht in den Park. Da habe ich _____.

5. Wenn man eine gute _____ hat, macht das Musikhören besonders viel Spaß.

6. Er erzählt allen, dass sein Vater ihm zum Geburtstag einen Mercedes schenkt. So ein _____!

7. Der FC Bayern München ist ein sehr großer Sportverein. Er hat über 30.000 _____.

8. Wenn die Eltern rauchen, sind sie kein gutes _____ für ihre Kinder.

9. Es ist nicht leicht, den richtigen _____ zu finden. Deshalb bleibe ich lieber allein.

10. Er kauft nie billige Kleidung. Er trägt nur _____.

21 **Bilde zusammengesetzte Wörter.**

Jeans	_die Tanzgruppe_	~~Gruppe~~
Auto	_____	Gruppe
Schul	_____	Gruppe
Pop	_____	Marke
Handball	_____	Marke
Theater	_____	Marke
Kleider	_____	Mannschaft
~~Tanz~~	_____	Mannschaft

22 **Suche alle Nomen aus den Wortlisten in L1 und L2, die im Plural auf -en enden. Welchen Artikel haben diese Nomen?**

23 **Erkläre die Bedeutung der Wörter.**

1. die Ehrlichkeit • 2. der Konkurrenzkampf • 3. das Vorbild • 4. der Mut • 5. die Vertrauensperson

24 Ergänze passende Adjektive aus der Wortliste in der richtigen Form.

1. Dein Pullover sieht toll aus. Stört es dich, wenn ich mir den _gleichen_____ kaufe?

2. Ich mag den neuen Mitschüler. Ich finde ihn

   _____.

3. Niemand soll wissen, dass wir ineinander verliebt sind. Wir treffen uns deshalb immer

   _____.

4. Nie macht sie eine Sache nach der anderen.

   Sie macht alles _____.

5. Ich trage gern ganz normale Kleidung. Diese

   _____ Klamotten gefallen mir gar nicht.

6. Auf diesem Bild sehe ich aber hässlich aus. Ich kann gar nicht verstehen, dass du mich darauf

   _____ findest.

7. Die beiden machen wirklich alles zusammen.

   Sie sind _____.

8. Bettina hat nicht den Mut, ihre Mitschüler um Hilfe zu bitten. Sie ist ziemlich

   _____.

9. Das ist eine sehr _____ Rechenaufgabe. Ich kann sie nicht lösen.

10. Wenn ich mal am Wochenende abends zu spät nach Hause komme, darf ich am nächsten Samstag nicht weggehen. Meine Eltern sind

    wirklich sehr _____.

25 Ergänze weitere Ausdrücke.

1. sprechen — _reden,_____

2. Sympathie — _halten zu,_____

3. Gefühle — _Angst,_____

4. Aussehen — _Frisur,_____

5. Markenkleidung — _Polo,_____

6. Leistungsdruck — _Stress,_____

7. Verein — _Mannschaft,_____

8. elektrische und elektronische Geräte — _Fernseher,_____

9. Eigenschaften — _freundlich,_____

26 Worttreppe
Findet Wörter, die mit dem letzten Wort des zusammengesetzten Nomens beginnen.

Sommerferien
 Ferienreise
  Reise…

Wie beurteilst du deinen Lernerfolg?

a) Was kannst du jetzt gut/schon besser als vorher?
Wo hast du noch große Probleme?
Kreuze an.

		gut	schon besser als vorher	Es gibt noch große Probleme.
Texte hören, lesen und verstehen	● die wichtigsten Informationen in einem Text finden, unwichtige und schwierige Teile ignorieren	☐	☐	☐
sprechen und schreiben	● über Beziehungen zwischen Jugendlichen berichten	☐	☐	☐
	● die Situation der Jugendlichen von früher und heute beschreiben und vergleichen	☐	☐	☐
	● einen Interviewtext in einen Bericht umformulieren	☐	☐	☐
dabei vor allem	● den entsprechenden Wortschatz verwenden	☐	☐	☐
	● Verben mit der richtigen Präposition und dem richtigen Kasus verwenden	☐	☐	☐
	● mit Hilfe von *weil, da, deshalb* etwas begründen	☐	☐	☐
	● die Wortstellung in den Kausalsätzen	☐	☐	☐
	● zusammengesetzte Nomen bilden	☐	☐	☐
	● Wörter richtig betonen	☐	☐	☐

b) Ich weiß jetzt Folgendes über deutsche Jugendliche und ihre Ansichten über Freunde, Cliquen und Liebe:

_____

_____

_____

_____

_____

1 Ordne den passenden Begriff zu.

1. Aufgeschlossenheit
2. Diskretion
3. Egoismus
4. Ehrlichkeit

5. Einsatzbereitschaft
6. Faulheit
7. Gleichgültigkeit
8. Großzügigkeit

9. Intoleranz

10. Ordnungsliebe

11. Outfit
12. Umgang
13. Ungeduld
14. Ungerechtigkeit

15. Unnachgiebigkeit
16. Unordentlichkeit
17. Unpünktlichkeit
18. Versöhnlichkeit
19. Verständnislosigkeit

☐ Man sagt die Wahrheit.

☐ Man hält keine Ordnung, man ist schlampig.

☐ Man will sich nicht anstrengen.

☐ Man versteht andere bzw. ihre Probleme nicht;
man kann sich nicht in sie hineinversetzen.

☐ Man akzeptiert andere Menschen oder Meinungen nicht.

☐ Kontakte oder Freundschaften mit anderen Menschen.

☐ Man denkt nur an sich.

☐ Man ist bereit, Mühen und Anstrengungen auf sich zu nehmen und
sich für jdn./etw. einzusetzen.

☐ Man ist nach einem Streit bereit sich wieder zu versöhnen
und ist nicht nachtragend.

☐ Man mischt sich nicht in die Angelegenheiten anderer ein;
man wahrt ihre Intimsphäre.

☐ Man kommt zu spät.

☐ Es ist einem alles egal.

☐ Man findet Ordnung sehr wichtig.

☐ Man will sich nicht lange mit jdm./etw. beschäftigen; man verliert
schnell die Geduld.

☐ Die Art, wie man sich kleidet und zurechtmacht.

☐ Man behandelt andere nicht gerecht.

☐ Man will immer Recht haben und nicht nachgeben.

1 Man ist an allem interessiert.

☐ Man ist nicht kleinlich; man erlaubt vieles.

2 Was kritisieren die einzelnen Familienmitglieder, was finden sie gut (LB, A1)?
Ergänze die Texte. Die Worterklärungen aus Übung 1 helfen dir dabei.

1. Roswitha Kurth ärgert sich darüber, dass ihre
Kinder so _schlampig_____ und so
_____ sind. Sie regt sich
auch über die _____ von
Tobias auf. Dagegen hält sie die
_____ der beiden für
positiv.

2. Bernd Kurth kritisiert an seinen Kindern zwar,
dass sie _____ und
_____ sind, aber er findet
ihre _____ und ihre
_____ gut. Ihn stört auch
das _____ seiner Tochter
nicht.

3. Tobias wirft seiner Mutter vor, dass sie ihn

_____ behandelt. Einerseits beschwert er sich über die

_____ seiner Eltern, anderseits findet er ihre _____ gut, wenn sie versuchen, alles für ihn zu tun.

4. Isabell nervt besonders die übertriebene

_____ ihrer Mutter. Sie wirft ihrer Mutter auch vor, dass sie ihren

_____ kritisiert. Dagegen findet sie die _____ ihrer Eltern positiv, weil sie es nicht leiden kann, wenn jemand in ihrem Zimmer herumschnüffelt.

3 **Wie beurteilst du das Verhalten der Familienmitglieder? Schreib Sätze wie im Beispiel.**

Ich finde Isabells Mutter zu ordentlich.
Wenn sie nicht so ordentlich wäre, hätten sie und Isabell weniger Streit.

ziemlich	autoritär überarbeitet punkig schlampig egoistisch	~~weniger Streit haben~~ ein besseres Verhältnis haben besser miteinander auskommen über die Meinung des andern nachdenken einen Kompromiss schließen
sehr	ungerecht verständnislos ~~ordentlich~~ intolerant	ihre Probleme lösen können einander nicht ständig kritisieren auch Kritik akzeptieren können in Ruhe über die Probleme diskutieren
zu	ungeduldig unnachgiebig streng	zusammen Zukunftspläne machen eine harmonische Familie sein mehr Geduld haben

4 **„Ich würde meine Kinder ähnlich erziehen."**
Was meint Tobias wohl damit? Wie würde er seine Kinder erziehen? Mach mindestens fünf Aussagen.

Beispiel: Er würde wahrscheinlich auch versuchen, alles für sie zu tun.

5 Familie Tietje

Das finden sie nicht so gut am andern:

Maja, 16, Schülerin:

Wenn meine Mutter Probleme bei der Arbeit hat, ist sie zu Hause immer schlechter Laune. Mein Vater erlaubt mir nichts. Er will mich immer nur beschützen. Es sollte ganz anders ein!

Angelika, Majas Mutter:

Ich finde nicht gut, dass Maja nicht mit Geld umgehen kann. Sie spart nicht, sondern gibt ihr ganzes Geld für Klamotten aus.

Detlev, Majas Vater:

Ich wünsche mir, dass Maja sportlich aktiv ist. Aber sie hat ja noch nicht einmal ein Hobby. Ich finde es auch schade, dass Maja manchmal so eine Negativ-Einstellung hat.

Was wünschen sie sich? Ergänze wie in den Beispielen.

Wenn Mutter doch immer guter Laune wäre!
Ich wollte, Mutter wäre immer guter Laune!

Maja:

Ich wollte, mein Vater _____

_____

_____

_____

Angelika:

Wenn Maja _____

_____

Wenn sie doch _____

_____

Detlev:

Wenn Maja _____

_____

Ich wollte, _____

_____

6 Was könntest du in dieser Situation tun? Schreib Sätze wie im Beispiel. Nimm dazu die Verben im Kasten.

holen   schenken   schicken   leihen

mitbringen   erklären   wünschen   anbieten

wegnehmen   geben

Eure Nachbarin hat Grippe und liegt im Bett.
Ich könnte ihr „gute Besserung" wünschen.

1. Deine gleichaltrige Freundin ist zu Besuch gekommen und hat nur leichte Sommerkleidung mitgebracht. Es regnet und ist ziemlich kalt.

2. Du lernst zusammen mit ein paar Mitschülern bei dir zu Hause für die Mathearbeit. Es ist schon spät und alle haben Hunger.

3. Das Baby spielt mit einer Schere.

4. Ein Mitschüler versteht die Matheaufgabe nicht. Du bist gut in Mathe.

5. Deine Oma möchte deine Fotos anschauen, aber ohne Brille kann sie nicht gut sehen. Die Brille liegt in ihrem Zimmer.

6. Deine Freundin hat dich zu ihrer Geburtstagsparty eingeladen. In ihrer Freizeit beschäftigt sie sich am liebsten mit ihrem Computer.

7. Du hast zum Namenstag zweimal die gleiche CD geschenkt bekommen. Deinem Freund gefällt diese CD auch sehr gut.

8. Deine englische Brieffreundin hat nächste Woche Geburtstag. Du hast ihr lange nicht geschrieben.

9. Deine Schwester möchte die neue *Bravo* haben. Du fährst sowieso in die Stadt.

7 **Schreib Sätze wie im Beispiel.**

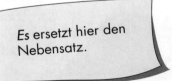
Es ersetzt hier den Nebensatz.

Du musst mich ins Kino mitnehmen! (du/ich/versprechen)
Du hast mir versprochen, **dass du mich ins Kino mitnimmst.**
Du hast **es** mir versprochen.

1. Die Schüler gehen heute zwei Stunden früher nach Hause, denn sie haben hitzefrei bekommen.
(der Direktor/die Schüler/erlauben)

_____

2. Unsere Eltern wollen sich das Ganze noch einmal überlegen. (sie/wir/versprechen)

_____

3. Er sollte eine Therapie machen. (der Psychologe/er/empfehlen)

_____

4. Der Bürgermeister will sich scheiden lassen. (unsere Nachbarin/meine Mutter/erzählen)

_____

5. Mein Freund soll nächste Woche zur Erziehungsberatung gehen. (das Jugendamt/sein Vater/mitteilen)

_____

6. Sie mischen sich immer in ihre Angelegenheiten ein. (meine Freundin/ihre Großeltern/vorwerfen)

_____

7. Wir könnten mehr Verantwortung übernehmen. (wir/unsere Eltern/vorschlagen)

_____

8. Sie spielt gut Gitarre. Sie sollte in einer Band mitspielen. (ihre Freunde/sie/raten)

_____

8 Das Treff-Thema *Im Haushalt helfen:* „Immer muss ich alles machen …"

Britta (14) und Karen (13) sind Schwestern. Ihre Mutter ist berufstätig. Wenn sie nachmittags zur Arbeit muss, legt sie den beiden einen Zettel mit Aufträgen für den Haushalt hin.

a) Schreib unter die Fotos, was Britta und Karen machen.

Was gibt's denn Schönes, Britta? Weißt du, ich würde dir raten…

Komme heute gegen 18 Uhr nach Hause!

Vergesst nicht:
– das Essen warm machen
– das Geschirr abwaschen
– euer Zimmer aufräumen
– Betten machen
– staubsaugen (auch im Wohnzimmer!)

Macht keine Dummheiten!!!

Küsse Mutti

Britta steht in der Küche und …

Ich fang schon mit den Hausaufgaben an; unsere Mathelehrerin hat uns heute nämlich besonders viel aufgegeben!

Tja, weißt du, …

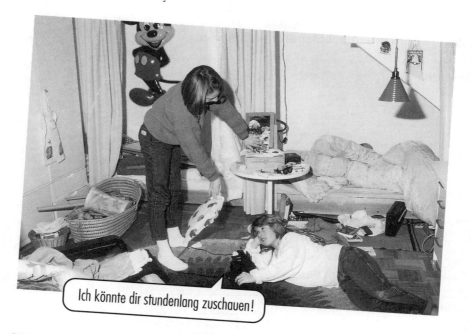

Ich könnte dir stundenlang zuschauen!

Mir reicht's!
Ich kann nicht mehr!

Hallo, ihr beiden!
Hat auch alles
gut geklappt?

Klar, Mutti! Wir haben alles gemacht,
was du aufgeschrieben hattest.

Nein, das stimmt
überhaupt nicht!

b) Britta erzählt, was wirklich passiert ist. Schreib ihren Bericht.

Zuerst habe ich _____ ,

aber Karen _____

Dann ...

9 **Wiederholung des Perfekts**
a) Ergänze die fehlenden Verbformen.

Infinitiv	Präteritum	Perfekt
	befahl	
	bekam	
	beschloss	
	blieb	
		hat gebracht
drinstehen		
	erklärte	
	fand	
	gab	
	ging	
	half	
hinnehmen		
kichern	kicherte	hat gekichert
	kam	
		hat gelesen
	schimpfte	
schreiben		
		hat verlegt
		ist verschwunden
		hat weggeschmissen
	weinte	
	warf	
	wunderte sich	

b) **Welche verschiedenen Formen gibt es?**
Welche Typen kannst du unterscheiden?

Typ	Beispiele	Regel
1	gekichert verlegt	regelmäßig
2		
3		

10 **Kinder und Eltern haben Rechte, aber auch Pflichten.**

Wie ist es im Fall der sechs Jugendlichen im LB, C1 a) und c), die an *Bravo* geschrieben haben?

Ergänze die Sätze.

1. Melanie muss immer ihr Zimmer aufräumen. _____

   Ihre Mutter kann von ihr verlangen, _____ ,

   solange sie zu Hause wohnt.

2. Jörg muss _____

   weil _____

3. Im Fall von Matthias muss seine Mutter ihm erlauben, _____

   _____

4. Christinas Mutter darf ihr _____
   nur dann verbieten, wenn _____
   _____

5. Martins Eltern können _____
   _____

6. Weil Sandra unter sechzehn ist, darf sie _____
   _____ . Ihre Eltern können es ihr aber erlauben, wenn _____
   _____

Wortbildung des Nomens (2): -heit, -(ig)keit

Adjektiv	Nomen
frei	die Frei**heit**
gesund	die Gesund**heit**
schlamp**ig**	die Schlampig**keit**
ehr**lich**	die Ehrlich**keit**
spar**sam**	die Sparsam**keit**
wiederhol**bar**	die Wiederholbar**keit**
arbeits**los**	die Arbeitslos**igkeit**

11 **Ergänze das passende Nomen.**

möglich	_Möglichkeit_	oberflächlich	_____
mühelos	_____	schön	_____
wirklich	_____	schüchtern	_____
einsam	_____	gemütlich	_____
zärtlich	_____	beliebt	_____
zufrieden	_____	fähig	_____
gleichzeitig	_____	dunkel	_____
wahr	_____	freundlich	_____
kinderlos	_____	gefühllos	_____
lesbar	_____		

Verben

jdm. etw. anbieten
  (bot an, angeboten)
sich aufregen über (Akk)
etw. begreifen
  (begriff, begriffen)
etw. beschließen
  (beschloss, beschlossen)
sich beschweren über (Akk)
etw. beurteilen
sich einmischen in (Akk)
jdn. einsperren
jdm. etw. empfehlen
  (empfahl, empfohlen)
jdm. etw. erklären
jdm. etw. erlauben
etw. erreichen
jdn. erziehen
  (erzog, erzogen)
herumschnüffeln
kämpfen für/gegen/um (Akk)
jdm. etw. kaputtmachen
jdn./etw. kontrollieren
etw. merken
nachgeben
  (gab nach, nachgegeben)
jdn. nerven
jdm. etw. raten
  (riet, geraten)
reagieren auf (Akk)
sich schämen
schimpfen mit (Dat)
staubsaugen
etw. übersetzen
jdn. überzeugen von (Dat)
umdenken
  (dachte um, umgedacht)
jdm. etw. verbieten
  (verbot, verboten)
etw. verbrennen
  (verbrannte, verbrannt)
etw. verlangen von (Dat)
sich verlassen auf (Akk)
  (verließ, verlassen)
verschwinden
  (verschwand, ist verschwunden)
sich versöhnen mit (Dat)
jdm. etw. versprechen
  (versprach, versprochen)
jdm. etw. vorschlagen
  (schlug vor, vorgeschlagen)
jdm. etw. vorschreiben
  (schrieb vor, vorgeschrieben)
jdm. etw. vorwerfen
  (warf vor, vorgeworfen)
jdn. warnen vor (Dat)
jdm. etw. wegnehmen
  (nahm weg, weggenommen)
sich wehren gegen (Akk)
sich wenden an (Akk)
  (wandte, gewandt)

etw. werfen
  (warf, geworfen)
jdm. zuschauen bei (Dat)
jdm. zusehen bei (Dat)
  (sah zu, zugesehen)

Nomen

der Altersunterschied
die Aufgeschlossenheit
die Aufmachung
die Auseinandersetzung, -en
das Äußere
die Begleitung, -en
das Chaos
die Diskretion
der Egoismus
die Einsatzbereitschaft
die Einstellung, -en
die Entwicklung, -en
die Erziehungsberatung
die Faulheit
die Folge, -n
der Generationsunterschied, -e
die Gesellschaft
der Gesundheitszustand
die Gleichgültigkeit
die Häuslichkeit
das Heim, -e
die Illusion, -en
die Intoleranz
das Jugendamt, ¨er
der Konkurrent, -en
die Leistung, -en
die Ordnungsliebe
das Outfit
die Pflicht, -en
das Recht, -e
die Scheidung, -en
die Selbstständigkeit
die Sozialpädagogin, -nen
die Streiterei, -en
der Umgang
die Ungeduld
die Ungerechtigkeit
die Unnachgiebigkeit
die Unordentlichkeit
die Unpünktlichkeit
das Verhältnis
die Verhältnisse (Pl.)
die Versöhnlichkeit
die Verständnislosigkeit
die Vollwaise, -n
die Voraussetzung, -en
die Wahrheit
die Wut

Adjektive / Adverbien

autoritär
ähnlich
beleidigt
dauernd
ehrlich
einverstanden mit (Dat)
enttäuscht von (Dat)
geschieden
geschminkt
großzügig
harmonisch
kleinlich
nachtragend
rechtlich
sauber
schädlich
schlampig
schmutzig
ständig
stolz
streng
überarbeitet
übertrieben
unerträglich
vergleichbar
verschieden
volljährig
wenigstens
wütend

Ausdrücke

gut / nicht so gut auskommen mit (Dat)
sich bedienen lassen
einen Brief überfliegen
einerseits ... andererseits
Geschirr spülen/abwaschen
nach dem Gesetz
ein schlechtes Gewissen haben
die Intimsphäre wahren
jdn. knapp halten
einen Kompromiss suchen/finden/
  schließen
es macht mir etwas/nichts aus
mitten im Unterricht
es steht im Text
zu Unrecht
die Verantwortung haben/tragen/
  übernehmen
ein gutes/schlechtes Verhältnis haben zu
  (Dat)
Verständnis haben für (Akk)
jdm. einen Vorschlag machen
jdm. Vorschriften machen
jdm. einen Vorwurf machen

12 **a) Ergänze mindestens zwei passende Ausdrücke wie in den Beispielen.**

verbieten   *dem Sohn das Fußballspielen, den Schülern das Reden in der Klasse*

verbrennen   *das Holz, das Papier*

sich versöhnen   *mit der Freundin, mit den Geschwistern*

1. übersetzen

2. sich aufregen

3. wegnehmen

4. kaputtmachen

5. überzeugen

6. sich wehren

7. vorschlagen

8. sich wenden

b) Bilde mit den Ausdrücken aus a) Sätze im Perfekt.

Beispiel: *Er hat seinem Sohn das Fußballspielen verboten.*

13 **Berichte über dein Verhältnis zu deinen Eltern. Schreib mindestens sechs Sätze. Nimm dazu die Verben und – wenn möglich – die Adverbien im Kasten.**

Beispiel: *Meistens schimpfen sie mit mir, wenn ich mein Zimmer nicht aufräume.*

meistens (ziemlich) oft gewöhnlich manchmal ab und zu selten	sich beschweren nachgeben erlauben sich einigen schimpfen sich versöhnen versprechen merken vorwerfen nerven

14 **Ergänze die Sätze mit den angegebenen Verben.**

a) *zuschauen / zusehen*

1. Britta arbeitet und Karen   *schaut/sieht ihr dabei zu.*

2. Das Kind baut einen Schneemann und seine Großmutter

3. Ich fahre Fahrrad und du

4. Ihr füttert die Katzen und wir

5. Michael und Claudia tanzen und die anderen

6. Die Chemielehrerin macht ein Experiment und die Schüler

b) *(gut/nicht) auskommen*

1. Viele Kinder und Jugendliche, die Geschwister haben, sagen, _dass sie miteinander gut auskommen._

gut auskommen
... mit jemandem =
ein gutes Verhältnis zu jdm. haben
... mit etwas =
ausreichend sein, von etw. genügend
haben

2. Letztes Jahr sind russische Austauschschüler nach Bayern gekommen. Die deutschen Jugendlichen _____

_____

3. Früher gab es keine so großen Generationskonflikte wie heute. Damals _____

_____

4. Ich bekomme wirklich zu wenig Taschengeld. Damit _____

5. Wenn die Leute bereit wären, Kompromisse zu schließen, _____

6. Klaus _____ ,

obwohl sein Vater ihn finanziell unterstützt.

15 *das Verhalten – das Verhältnis – die Verhältnisse*

Wie heißen diese Wörter in deiner Muttersprache?
Klärt mit Hilfe eines einsprachigen Wörterbuchs die genaue Bedeutung der Wörter und bildet Sätze damit.

16 **Erkläre die Bedeutung der Wörter.**

1. Jugendamt • 2. Outfit • 3. Scheidung • 4. Egoismus • 5. Ordnungsliebe

17 **Ergänze die fehlenden Wörter.**

faul	_Faulheit_	selbstständig	_____
häuslich	_____	aufgeschlossen	_____
nachgiebig	_____	_____	Vergleichbarkeit
großzügig	_____	pünktlich	_____
_____	Ähnlichkeit	gerecht (!)	_____

18 Finde das passende Adjektiv. Das Lösungswort sagt, was man bei Problemen manchmal machen muss. (ä = ä, ö = ö)

a. Man ist nicht großzügig.

b. Man hat kein Verständnis.

c. Man hat sich das Gesicht (den Mund, die Augen) angemalt.

d. Man hält keine Ordnung.

e. Es ist nicht zu ertragen.

f. Man ist mindestens 18 Jahre alt.

g. Es herrscht Harmonie.

h. Es ist nicht nützlich, sondern ...

i. Es ist frisch gewaschen.

k. Man ist bereit, sich nach einem Streit wieder zu vertragen.

l. Man hat keine Geduld.

19 *anders* und *verschieden*

a) Mach dir anhand der Beispielsätze die unterschiedliche Bedeutung der beiden Wörter klar. Wie heißen sie in deiner Muttersprache?

ander-, anders
Da bin ich aber ganz anderer Meinung als du.
Ich möchte wirklich mal was anderes machen als immer nur lernen.
Ich würde das Problem ganz anders lösen.

verschieden
Tausende von Jugendlichen aus verschiedenen Ländern nahmen an dem Open-Air-Konzert teil.
Feste wie Ostern oder Weihnachten werden in den europäischen Ländern ganz verschieden gefeiert.
Bei Problemen in der Familie bietet das Jugendamt verschiedene Hilfen an.

b) Ergänze die passenden Wörter.

1. Obwohl die beiden Zwillinge sind, sehen sie doch ganz __verschieden__ aus.

2. Meine Damen und Herren, Sie sehen Volkstänze aus _____ Gegenden des Landes.

3. Es gibt vier _____ Ausdrücke, die alle etwa die gleiche Bedeutung haben.

4. Nur Heike hat eine Fünf in Englisch bekommen. Alle _____ Schüler haben bessere Noten.

5. Kannst du die Wörter nicht behalten? Dann versuch es doch mal auf eine _____ Art.

6. Diese Schuhe gefallen mir nicht. Haben Sie denn keine _____?

7. Udo sammelt Muscheln und hat schon 39 _____ gefunden.

8. Hat jemand einen _____ Vorschlag?

9. In diesem Jugendmagazin habe ich _____ Adressen von jungen Leuten gefunden, die an einer Brieffreundschaft interessiert sind.

20 Ergänze *mitten in/auf* in der richtigen Form. Nimm dazu die Wörter im Kasten.

1. Ist deine Oma <u>mitten im Unterricht</u> in die Klasse gekommen?

2. _____ klingelte plötzlich das Telefon.

3. Es ist gefährlich, wenn Kinder _____ spielen.

4. Meine Tante wohnt nicht mehr auf dem Land. Sie hat sich eine Wohnung _____ gekauft.

5. _____ ging er im Meer schwimmen.

6. _____ teilte man uns mit, dass Vater im Büro gebraucht wurde.

| Nacht | Stadt | Straße | ~~Unterricht~~ |
| Winter | Ferien | | |

21 Ergänze passende Begriffe.

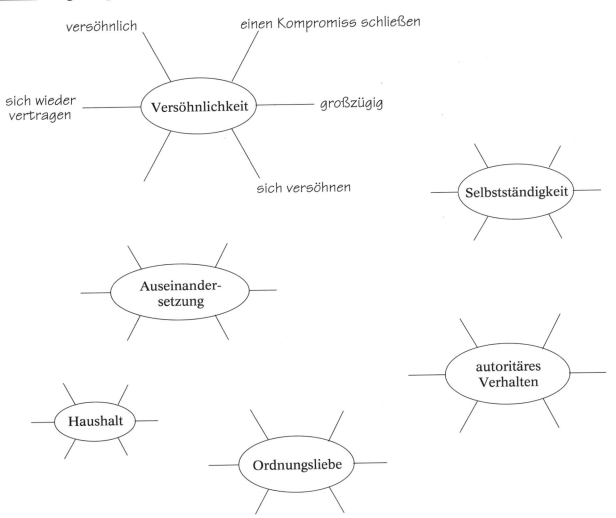

22 a) Welche Eigenschaften und Verhaltensweisen findest du gut, welche nicht?
Notiere in deinem Heft.

positiv		negativ	
bei Jugendlichen	bei den Eltern	bei Jugendlichen	bei den Eltern
	Toleranz	unordentlich	

b) Erfinde eine besonders positive und eine besonders negative Person und beschreibe sie.

23 Was sollte man tun bzw. nicht tun? Gib Ratschläge und verwende dabei die Ausdrücke aus
der Wortliste.

1. Der Junge macht sich Vorwürfe, dass er nicht genug für seine Großmutter getan hat, aber das ist nicht
wahr.

   Er sollte kein schlechtes Gewissen haben.

2. Oft machen Jugendliche ihren Eltern immer nur Vorwürfe, dass sie schlechte Eltern sind, aber sie
schlagen keine Lösungen vor.

3. Beide Seiten meinen, dass sie Recht haben, und keiner will nachgeben.

4. Manchmal verstehen die Eltern die Probleme ihrer Kinder nicht.

5. Keiner fühlt sich für den Haushalt verantwortlich.

6. Im Schrank steht kein sauberes Geschirr mehr.

24 Mit Begriffen buchstabieren

Schreibt die Buchstaben eines Wortes untereinander und findet möglichst viele Begriffe, die mit dem
jeweiligen Buchstaben beginnen.

Beispiel:

M	Mozart
U	Unterricht
S	Stimme
I	Instrument
K	Klarinette

Wie beurteilst du deinen Lernerfolg?

a) **Was kannst du jetzt gut/schon besser als vorher?**
   Wo hast du noch große Probleme?
   Kreuze an.

		gut	schon besser als vorher	Es gibt noch große Probleme.
Texte hören, lesen und verstehen	● beim schnellen Durchlesen eines Textes das Thema und die wichtigsten Informationen verstehen	☐	☐	☐
	● Text genauer lesen und bestimmte Informationen heraussuchen	☐	☐	☐
	● in Hörtexten mit Hilfe von Ausdruck und Betonung die Stimmung der Sprecher erkennen	☐	☐	☐
sprechen und schreiben	● über das Verhältnis zur Familie sprechen	☐	☐	☐
	● Probleme und Konflikte beschreiben, Lösungen vorschlagen, Ratschläge geben	☐	☐	☐
	● Ausdrücke aus der Jugendsprache verstehen	☐	☐	☐
dabei vor allem	● den entsprechenden Wortschatz verwenden	☐	☐	☐
	● Verben mit Dativ und Akkusativ benutzen	☐	☐	☐
	● mit Hilfe des Perfekts über Vergangenes sprechen	☐	☐	☐
	● Wünsche und Möglichkeiten mit dem Konjunktiv II ausdrücken	☐	☐	☐
	● aus Adjektiven Nomen bilden (mit *-heit/-keit*)	☐	☐	☐
	● lange und kurze Vokale richtig aussprechen	☐	☐	☐

b) **Ich weiß jetzt Folgendes über das Verhältnis deutscher Jugendlicher zu ihren Eltern und wie sie versuchen, ihre Probleme zu lösen:**

_____

_____

_____

_____

_____

_____

1 **Hier stimmt etwas nicht. Welche Sätze gehören zusammen?**
Schreib die Sätze neu wie im Beispiel.

Er hat eine gute Note im Abitur. Trotzdem hat er keinen Studienplatz bekommen.

1. Er hat oft Streit mit seinen Mitschülern, obwohl er schon achtzehn ist.
2. Sie mag ihren Englischlehrer am liebsten. Trotzdem sind die Eltern nie zufrieden.
3. Er hat eine gute Note im Abitur. Trotzdem hilft er mir bei den Hausaufgaben.
4. Sie bereitet sich selten auf eine Klassenarbeit vor, obwohl sie starke Kopfschmerzen hat.
5. Die Eltern behandeln ihn wie ein kleines Kind, obwohl er sehr streng ist.
6. Er bringt seine Freundin mit nach Hause. Trotzdem geht er gern in die Schule.
7. Sie schreibt immer gute Noten. Trotzdem bekommt sie meistens Zweien.
8. Sie nimmt heute am Sportunterricht teil, obwohl sie über vieles anders denken als sie.
9. Er hat keine Zeit. Trotzdem hat er keinen Studienplatz bekommen.
10. Sie kommt ziemlich gut mit ihren Eltern aus, obwohl seine Eltern nicht damit einverstanden sind.

2 **Verbinde die Sätze mit *aber, deshalb, obwohl, trotzdem, weil, denn* und schreib sie in dein Heft. Manchmal gibt es mehrere Möglichkeiten. Achte auf die Wortstellung.**

Beispiel: In den Ferien fahren alle meine Freunde weg. Ich langweile mich oft.
In den Ferien fahren alle meine Freunde weg. **Deshalb langweile** ich mich oft.
Ich langweile mich oft in den Ferien, **weil** alle meine Freunde **wegfahren**.
Ich langweile mich oft in den Ferien, **denn** alle meine Freunde **fahren weg**.

1. Meine Eltern haben beide die Universität besucht. Sie wollen, dass ich auch studiere.
2. Früher hatten wir sechs Tage in der Woche Schule. Wir haben jetzt samstags schulfrei.
3. In der Grundschule hatte ich immer gute Noten. Seit ich auf dem Gymnasium bin, schreibe ich auch manchmal Vieren.
4. Ich habe immer in Mathe aufgepasst. Ich kann nicht alle Aufgaben lösen.
5. Wir haben sehr viele Fächer. Wir bekommen viele Hausaufgaben auf.
6. Ich brauche eine sehr gute Durchschnittsnote im Abitur. Ich will Medizin studieren.
7. Manchmal machen wir die ganze Zeit Blödsinn. Wir langweilen uns im Unterricht.
8. Er hat das ganze Jahr nichts für die Schule getan. Er bleibt jetzt sitzen.
9. Wir arbeiten immer im Unterricht mit. Die Lehrer loben uns nie.
10. Ich weiß noch nicht, was ich später machen werde. Ich habe noch nicht darüber nachgedacht.

3 **Ergänze die Sätze mit eigenen Worten.**

1. Ich habe viel Freizeit,

weil ich nur bis 13.00 Uhr Schule habe.

deshalb kann ich jeden Tag Fußball spielen.

trotzdem bin ich unzufrieden.

2. Ich bin zu spät zum Unterricht gekommen,   weil _____

obwohl _____

trotzdem _____

3. Ich schreibe meinem Brieffreund sehr oft, aber _____

obwohl _____

deshalb _____

4. Susanne und Jasmin streiten sich häufig, trotzdem _____

aber _____

weil _____

obwohl _____

4 **Berichte über deine Lehrer und Lehrerinnen: Wie sind sie? Wie verhalten sie sich? Schreib Sätze wie im Beispiel.**

Mein Biologielehrer ist fast immer genervt und regt sich über alles auf.

| (fast) nie selten manchmal oft meistens (fast) immer gewöhnlich | gute/schlechte Laune haben ■ (un)gerecht ■ genervt ■ ernst ■ langweiligen/interessanten Unterricht machen ■ lustig ■ streng ■ viele/wenige/keine Hausaufgaben aufgeben ■ (un)freundlich ■ (nicht) gut erklären können ■ hilfsbereit ■ (un)pünktlich ■ nett ■ sich über alles aufregen ■ (nicht) mit den Schülern diskutieren ■ die Schüler loben ■ gut/schlecht vorbereitet sein ■ fleißig ■ (kein) Verständnis für die Schüler haben ■ (keinen) Spaß verstehen ■ schimpfen ■ sich (nicht) um die Probleme der Schüler kümmern |

5 **Die Schüler der Erlen-Schule in Stuttgart waren im letzten Jahr sehr unzufrieden mit den Verhältnissen an ihrer Schule. Hier sind ihre Beschwerden.**

Verbinde jeweils zwei Sätze mit *da, weil* oder *deshalb*.

Beispiel: Ein Mathelehrer hatte meistens schlechte Laune. Deshalb schimpfte er dauernd auf die Schüler.

1. Einige Lehrer gaben viel zu viele Hausaufgaben auf.
✓2. Er schimpfte dauernd auf die Schüler.
3. Manche Lehrer fehlten häufig.
4. Die Klassen waren zu groß.
5. Wir konnten uns in den Pausen nicht vom Unterricht erholen.

6. Wir hatten Angst vor den Klassenarbeiten.
7. Es gab zu wenige Lehrer und Lehrerinnen.
8. Wir hatten viel zu wenig Freizeit.
9. Die Themen waren nicht aktuell.
10. Einige Lehrer gaben oft ungerechte Noten.
11. Der Unterricht war oft uninteressant.
✓12. Ein Mathelehrer hatte meistens schlechte Laune.
13. Sie waren zu kurz.
14. Der Unterricht fiel oft aus.

6 Eine tolle Idee.

Sicher hast du dir auch schon gewünscht, dass dir jemand bei einer Klassenarbeit hilft.
Aber ist das so einfach?

Lies den Text und ergänze die Lücken mit Hilfe der Ausdrücke im Kasten (pro Lücke ein Wort).

Mein Freund Freddie hatte eine tolle Idee. Er meinte, er könnte die Physikarbeit für mich schreiben.

Das ist so: Freddie hat zu Hause einen Walkie-Talkie. Bei der Physikarbeit _sollte_ ich die eine

Walkie-Talkie-Hälfte hinter eine Schülertoilette _stellen_ . Mit der anderen Hälfte und mit

Schreibblock und Rechner _____ sich Freddie in den Park gegenüber der Schule

_____. Wenn der Physiklehrer die Aufgaben verteilt hat, dann _____ ich auf die

Toilette _____ und Freddie die Aufgaben _____. Freddie meint, so ähnlich ist

das schon oft gemacht worden und es hat immer geklappt. Und dann _____ Freddie die

Aufgaben ganz schnell _____ und zwanzig Minuten später _____ ich wieder auf

die Toilette _____ und er _____ mir dann die Ergebnisse _____.

Aber ich glaube nicht, dass so etwas wirklich möglich ist. Denn unser Physiklehrer kontrolliert genau, wie

oft und wie lange jemand auf die Toilette geht und er _____ schon sehr erstaunt, wenn ich

während der Klassenarbeit gleich zweimal _____ _____. Ich _____

ja auch ziemlich lange auf der Toilette _____ um die Lösungen aufzuschreiben. Außerdem

_____ mich ein Schüler aus einer anderen Klasse dabei _____, und wer weiß,

was der _____ _____!

Eine gute Idee ist es ja, wirklich, aber leider eine Illusion!

würde würde	machen ~~stellen~~
würde würde	bleiben
würde könnte	setzen sehen lösen
müsste ~~sollte~~	durchgeben gehen
sollte sollte	gehen
	gehen durchgeben
wäre	

Die Ferien sind zu Ende. Christine ist unzufrieden.
Sie hatte sich ihre Ferien anders vorgestellt.
Schreib Sätze wie im Beispiel.

Sie musste sich nach den Ferienplänen der Eltern richten. (ihre Ferien allein planen)
Sie hätte ihre Ferien lieber allein geplant.

1. Sie musste mit ihren Eltern in die Berge fahren. (mit Freunden ans Meer fahren)
2. Sie musste mit ihnen spazieren gehen. (in der Sonne liegen)
3. Sie musste abends mit ihnen Karten spielen. (in die Disko gehen)
4. Sie musste immer früh aufstehen. (bis zum Mittag im Bett bleiben)
5. Sie musste an langweiligen Ausflügen teilnehmen. (Tennis spielen)
6. Sie musste Karten an die Verwandten schreiben. (Zeitschriften lesen)

8   Philipp und Julia

Philipp denkt nach:

„Warum hat sich Julia bloß von mir getrennt?
Ich verstehe das nicht. Ich habe doch alles für sie getan:

Ich bin so oft mit ihr ins Museum gegangen. Ich habe ihr das schöne Kochbuch geschenkt.
Ich habe sie immer um 10.00 Uhr nach Hause gebracht. Wir waren fast jeden Tag zusammen.
Wir haben immer dieselbe Musik gehört. Ich habe sie sonntags oft zum Kaffee bei meinen Eltern eingeladen. Wir haben stundenlang zusammen Monopoly gespielt. Ich habe sie oft zum Fußballtraining mitgenommen."

Hat Philipp alles richtig gemacht? Was hättest du an seiner Stelle gemacht?

Schreib Sätze wie im Beispiel.

Ich habe ihr zum Geburtstag ein Foto von mir und meiner Familie geschenkt.
Ich hätte ihr eine Kassette mit Popmusik geschenkt.

9   Bei Gabi hat in letzter Zeit in der Schule nicht alles so gut geklappt:

Sie kam oft zu spät zur Schule.
Sie vergaß häufig ihre Hausaufgaben.
Sie verstand fast nie, was der Lehrer sagte.
Sie war meistens müde.
Sie bekam schlechte Noten bei Klassenarbeiten.
Sie ist sitzen geblieben.

Was sagen Eltern und Lehrer zu ihr?
Schreib Sätze wie im Beispiel. Du kannst dazu
die Ausdrücke im Kasten nehmen.

früher aufstehen ■ ~~Mitschüler um Hilfe~~
~~bitten~~ ■ abends früher schlafen gehen ■
besser aufpassen ■ sich besser vorbereiten ■
fleißiger sein ■ einen Merkzettel schreiben
■ Nachhilfeunterricht nehmen

Du hättest Mitschüler um Hilfe bitten sollen.

10 Was glaubst du? Was hätte sie/er tun können/müssen?
Ergänze die Texte.

1. Er hatte Ferien. _Er hätte eigentlich jeden Tag seine Freunde treffen können._
   Aber er hat die ganze Zeit gelernt.

2. Meine Mitschülerin hatte nur einen Fehler im Aufsatz. _____
   Aber der Lehrer hat ihr nur eine Vier gegeben. Das ist doch ungerecht!

3. Er hatte fast hundert Euro. _____
   Aber er hat das Geld auf die Bank gebracht.

4. Seine Freundin hatte Geburtstag. _____
   Aber er hat nicht daran gedacht.

5. Ihr Zimmer war ganz unordentlich. _____
   Aber sie ist in die Disko gegangen.

6. Das Wetter war sehr schön. _____
   Aber sie hat den ganzen Nachmittag Computer gespielt.

11 Hausaufgaben

Es ist 21 Uhr, und Michael sitzt immer noch am Schreibtisch. Er ärgert sich über alles, was an diesem Nachmittag passiert ist. Was denkt er?

Schreib Sätze wie im Beispiel. (Es gibt mehrere Möglichkeiten.)

Wenn ich das Vokabelheft nicht verloren hätte, hätte ich die Vokabeln nicht noch einmal abschreiben müssen.

der Bus / pünktlich kommen	keine Kopfschmerzen bekommen
mein Lehrer / viele Aufgaben aufgeben	meinen Lieblingsfilm im Fernsehen sehen können
mein kleiner Bruder / stundenlang Trompete spielen	✓ nicht noch einmal die Vokabeln abschreiben müssen
mein Hund / immer wieder ins Zimmer kommen und bellen	nicht immer wieder die Arbeit unterbrechen müssen
das Telefon / dauernd klingeln	nicht so spät nach Hause kommen
✓ das Vokabelheft verlieren	mich besser konzentrieren können
meiner Schwester beim Englisch-Aufsatz helfen	schon lange mit den Übungen fertig sein

12 Was wäre gewesen, wenn …?
Schreib die Sätze aus Übung 5 wie im Beispiel.

Wenn der Mathelehrer nicht so oft schlechte Laune gehabt hätte, hätte er nicht dauernd auf die Schüler geschimpft.

13 Deutschlands einziges Schulmuseum

a) Lies den Text.

In dem kleinen Ort Bohlenbergerfeld gibt es
das einzige Schulmuseum Deutschlands.
Leiter und Gründer des Museums ist Bodo
Wacker, 60 Jahre alt, selbst Lehrer. Vor vie-
5 len Jahren hatte er angefangen, alles das
zu sammeln, was er in den Kellern und auf
den Dachböden alter Dorfschulen fand. Das
Interessanteste hat er ausgestellt. Eine
Schulklasse besuchte das Museum.
10 In dem Klassenraum des Museums sieht
alles so aus wie vor hundert Jahren: Da stehen alte Holzbänke, auf die die Schülerinnen und Schüler schon vor hundert Jahren
ihre Namen geschrieben haben. Auf den Ti-
15 schen befinden sich Tintenfässer[1], daneben
liegen Federhalter[2] — Füller gab's damals
natürlich noch nicht. In der ersten Reihe liegen Tafeln und Griffel[3], hier saßen die Erst-
klässler, die noch nicht mit Tinte schreiben
20 durften. Alles sieht so aus, als ob die Kinder
nur zur Pause auf den Hof gegangen wären
und gleich wieder zum Unterricht in die
Klasse kämen.

Schlechte Noten: Schuld der Lehrer!

Bei einer Unterrichtsstunde in dem histori-
25 schen Klassenraum wundern sich die Gäste
erst einmal, denn kaum einer kann in den
engen Bankreihen ohne Schwierigkeiten
Platz nehmen: „Die Kinder müssen früher
viel kleiner gewesen sein." Dann erklärt die
30 Lehrerin den Kindern die Bedeutung der verschiedenen Gegenstände, die sie nicht kennen. Da steht zum Beispiel ein emaillierter
weißer Topf neben dem Lehrerpult, der nicht
etwa — wie ein Mädchen vermutet — für
ganz dringende „Fälle" während des Unter-
richts gedacht war. Es handelt sich um
einen Spucknapf: die Lehrer früherer Tage
kauten nämlich lieber Tabak, als dass sie
ihn rauchten. Die Lehrerin weist auch auf
das Schild hin, das neben der Tür hängt:
„Es ist strengstens verboten, auf den Boden
zu spucken."
Zum Schulmuseum in Bohlenbergfeld
gehören außerdem noch mehrere Ausstel-
lungsräume, in denen alte Dia-Projektoren,
von Lehrern selbst gebastelte Unterrichts-

1 Tintenfass: kleines Gefäß für Tinte
2 Federhalter: Gerät zum Schreiben
3 Griffel: ein Schreibstift, mit dem man auf eine Tafel schreiben
 kann
4 das Grundstück: ein Stück Land, ein Garten

nittel für den Physikunterricht und alte
Handarbeiten zu sehen sind. In einer Ton-
Bildschau erfahren die Besucher — jährlich
sind es etwa 15.000 — weiteres Interessantes über die Dorfschule früherer Jahre.
So bekamen die Lehrer von der Gemeinde,
in der sie unterrichteten, auch ein Grundstück[4], damit sie selbst Gemüse anbauen
konnten; das Gehalt, das sie bekamen,

Schülers Vorwürfe machen lassen. Und
wenn die Eltern reiche Leute, zum Beispiel
Großbauern, waren, war es durchaus mög- 65
lich, dass der Lehrer deshalb nicht mehr an
der Schule weiterarbeiten durfte.
Die Gäste des Schulmuseums fanden das
toll.

reichte nämlich kaum fürs Essen. Und wenn
ein Schüler schlechte Noten nach Hause
brachte, war früher der Lehrer schuld. Der
60 musste dann nämlich zu den Eltern des jeweiligen Schülers ins Haus kommen und
sich wegen der schlechten Leistungen des

---

b) Was haben die Gäste über Schule, Schüler und Lehrer von früher erfahren? Wo steht das im Text? Gib die Zeilen an.

Vor hundert Jahren …

… waren die Schüler wahrscheinlich nicht so groß wie heute.

… stand in den Klassenräumen ein Topf, damit die Lehrer ihre Tabakreste nicht auf den Boden spuckten.

… schimpften die Eltern mit den Lehrern, wenn ihre Kinder nicht gut in der Schule waren.

… schrieben die Schüler der ersten Klasse mit Griffeln.

… bekamen die Lehrer sehr wenig Geld für ihre Arbeit.

… saßen die jüngsten Schüler ganz vorn in der Klasse.

… verlor ein Lehrer manchmal seine Arbeit, wenn er Kindern reicher Eltern schlechte Noten gab.

… rauchten die Lehrer nicht so gern Tabak.

… stellten die Lehrer auch selbst Unterrichtsmaterialien her.

… hatten die Schüler noch keine Füller zum Schreiben.

**c) Wiederholung des Präteritums
Ergänze die Liste mit den Verben aus b).**

Präteritum	Infinitiv
waren	sein

14 Ein Schülertraum.
Ergänze die angegebenen Verben im Präteritum.

Eine Woche vor der Klassenarbeit hatte ich einen merkwürdigen
Traum:

Ich _träumte,_____ dass mein Bett mitten in der Klasse   träumen

_____ und alle Mitschüler mich neugierig   stehen

_____. Der Lehrer _____ in die   ansehen, kommen

Klasse und _____ allen, mit mir zu sprechen.   verbieten

Dann _____ er uns die Themen für die Klassenar-   geben

beit. Ich _____ also da in meinem Bett und   sitzen

_____ die Aufgaben zu lösen. Aber ich   versuchen

_____ nichts. Das _____ nicht   verstehen, sein

Mathematik, sondern Japanisch. Meine Klassenkameraden

_____ sich auch in einer Sprache, die ich nicht   unterhalten

_____. Ich _____ große Angst   kennen, haben

und _____ laut schreien. Meine Mutter   wollen

_____ mich _____ , denn ich hatte wirklich geschrien.   aufwecken

15 Meine Schule
Ergänze das passende Relativpronomen und die passende Präposition (wo nötig).

Ich gehe in die 9. Klasse einer Gesamtschule in Hamburg. Eine Gesamtschule ist eine Schule,

_in der/wo_____ es alle drei Schultypen gibt. Die Schüler, _____ kein Abitur machen

wollen, gehen schon früher von der Schule ab. Wir haben eine große Bibliothek, _____ es

eine Menge Bücher und Zeitschriften gibt. Die Klassenräume, _____ wir selber angemalt haben, sind groß und hell. Wir haben auch ein Schwimmbad, _____ neben dem Sportplatz

liegt. Der Sportplatz, _____ wir im Sommer trainieren, hat Einrichtungen für alle Sportarten.

In der Mittagspause, _____ um 13.30 Uhr beginnt, können wir in der Kantine essen.

Auf dem Schulhof gibt es auch Tischtennisplatten, _____ Netze aber leider immer kaputt

sind. Ich habe viele Freunde, _____ ich meistens die ganze Pause zusammen bin.

16 Schülerumfrage: Worüber regt ihr euch auf in der Schule? Was gefällt euch?

**Lies die Antworten der Schülerinnen und Schüler
und verbinde die Sätze wie im Beispiel.**

*Am besten finde ich den Klassenausflug,
der alle zwei Monate stattfindet.*

Ich finde den Musikraum toll.
Im Musikraum gibt es eine Stereoanlage.

Sehr komisch ist unser
Französischlehrer.
Er trägt immer viel zu
kurze Hosen.

Mich nervt das Chaos.
Das Chaos herrscht in der großen
Pause.

Das Beste an der Schule ist mein
Klassenlehrer. Man kann sich mit
ihm über alles unterhalten.

Mich nerven die
altmodischen Lehrer. Für
ihre Witze interessiert sich
doch niemand mehr.

Ich finde den Sportlehrer
super. Ich habe ihn schon drei
Jahre.

Ich rege mich über
einige Typen auf. Sie lassen nie
abschreiben.

Das Schrecklichste ist der
Direktor. Ihn interessieren nur
gute Leistungen.

Ich finde unsere
Musiklehrerin lustig.
Ihre Flöte
ist immer verstimmt.

Ganz toll sind meine
Klassenkameraden. Ich kann
von ihnen ab und zu die
Hausaufgaben abschreiben.

Ich ärgere mich über den Müll.
Die Schüler werfen ihn einfach
auf den Schulhof.

Ganz schlimm finde ich
die Toiletten. Man kann die Türen
nicht abschließen.

Am besten finde ich den Klassenausflug.
Er findet alle zwei Monate statt.

Ich rege mich über die Noten auf.
Sie sind oft ganz schön ungerecht.

17 **Ergänze die Sätze.**
Nimm dazu die Ausdrücke im Kasten.

1. Auf einem Schulhof, _auf dem es Sportmöglichkeiten gibt,_ prügeln sich die Schüler nicht so oft.

2. Viele Schüler, _____ ,
kommen nicht in die Schule.

3. Die Eltern, _____ ,
wissen oft nichts davon.

4. Für die Gewalt in der Schule, _____ ,
gibt es verschiedene Gründe.

5. Ein Lehrer, _____ ,
hat oft Probleme in der Klasse.

6. In einer Schule, _____ ,
werden die Schüler nicht so leicht aggressiv.

7. Gewalttätige Schüler, _____ ,
müssen bestraft werden.

8. Die Jugendlichen, _____ ,
beschweren sich nicht über die Täter.

> Sportmöglichkeiten geben ■ ihren Mitschülern mit Prügel drohen ■ ihre Kinder schwänzen die Schule
> ■ langweilig sein ■ Angst haben ■ erpresst werden ■ immer mehr zunehmen ■ hell und freundlich sein

18 **Erkläre die Wörter mit einem Relativsatz.**

1. _der Lehrer, der Englisch unterrichtet_ _____
der Englischlehrer (Englisch unterrichten)

2. _____
eine Freistunde (keinen Unterricht haben)

3. _____
eine Klassenarbeit (in der Klasse schreiben)

4. _____
die Hausaufgaben (zu Hause machen)

5. _____
ein Abschlusszeugnis (nach Beendigung der Schulzeit bekommen)

6. _____
ein Musikraum (Musikunterricht haben)

7. _____
ein Freizeitraum (Freizeit verbringen)

8. _____
ein Pausenhof (sich während der Pause aufhalten)

9. _____
eine Schülerzeitung (von Schülern gemacht werden)

19 Zeichensetzung

a) Lies die Beispiele und Regeln.

1. Sie hilft mir immer bei den Hausaufgaben, obwohl sie nicht viel Zeit hat.   **s. GR 1**
   Obwohl sie nicht viel Zeit hat, hilft sie mir immer bei den Hausaufgaben.
   Sie hat nicht viel Zeit, aber trotzdem hilft sie mir immer bei den Hausaufgaben.
   Sie hilft mir immer bei den Hausaufgaben, und obwohl sie nicht viel Zeit hat,
   erklärt sie mir geduldig jede Aufgabe.

> Sätze mit *obwohl* werden immer durch Komma abgetrennt, ebenso Sätze mit
> *und obwohl, aber obwohl.*

2. Sie hat nicht viel Zeit. Trotzdem hilft sie mir immer bei den Hausaufgaben.
   Sie hat nicht viel Zeit; trotzdem hilft sie mir immer bei den Hausaufgaben.
   Sie hat nicht viel Zeit, trotzdem hilft sie mir immer bei den Hausaufgaben.

> Vor *trotzdem* kann ein Punkt, ein Semikolon oder ein Komma stehen.
> (s. AB L2, Übung 13)

3. Das ist der Lehrer, der immer so viele Hausaufgaben aufgibt.   **s. GR 3**
   Alle Schüler, die keine Hausaufgaben gemacht haben, müssen heute eine Stunde nachsitzen.

> Relativsätze werden immer durch Komma abgetrennt.

b) Ergänze die fehlenden Satzzeichen.

Kleine Genies

Monika H. hat einen IQ von 140 und gehört zu den 1,5% der deutschen Bevölkerung die besonders intelligent sind. Es gibt etwa 300.000 hochbegabte Kinder und Jugendliche in Deutschland von denen aber längst nicht alle entdeckt werden. Diese Kinder schreiben oft schlechte Noten in der Schule obwohl sie keine Probleme mit dem Unterrichtsstoff haben. Sie wollen nicht, dass die anderen sie für Streber halten.
Monika war erst fünf Jahre alt, als sie in der ersten Klasse war trotzdem langweilte sie sich, weil für sie alles viel zu leicht war. Jetzt besucht sie schon die neunte Klasse des Gymnasiums obwohl sie erst zwölf ist. Monika ist intelligenter als ihre Mitschüler und Mitschülerinnen. Sie ist aber trotzdem ein ganz normales Mädchen das in der Freizeit gern liest oder Tischtennis spielt.
In den USA im Bundesstaat Alabama hat Michael der einen IQ von über 220 Punkten hat den IQ-Weltrekord aufgestellt. Er studiert jetzt Anthropologie obwohl er erst neun Jahre alt ist und will mit zehn die Universität abschließen.

> Der IQ (Intelligenzquotient) ist das Maß für die geistige Leistungsfähigkeit eines Menschen. Etwa 48,5% der Bevölkerung haben einen IQ von 90 – 109 Punkten (= normal intelligent).
> Man schätzt, dass Albert Einstein einen IQ von 170 hatte.

Wortbildung des Nomens (3): *-ung*

Nomen auf *-ung* sind von Verben abgeleitet. Sie sind immer feminin. Sie bezeichnen meistens einen Vorgang oder ein Ergebnis:

Verb	Nomen	
übersetzen	die Übersetz*ung*	a) Tätigkeit, Vorgang (das Übersetzen) b) Ergebnis der Tätigkeit (der fertige Text)
überschwemmen	die Überschwemm*ung*	a) Vorgang (unter Wasser setzen) b) Ergebnis (Alles steht unter Wasser.)

20 **Ergänze das Nomen.**

öffnen	_Öffnung_	beraten	_____
entschuldigen	_____	besichtigen	_____
ausbilden	_____	unterhalten	_____
erfahren	_____	leisten	_____
üben	_____	prüfen	_____

Wortbildung des Nomens (4): *-schaft*

Nomen auf *-schaft* sind immer feminin. Sie bezeichnen meistens Personengruppen, Organisationen oder Zustände. Sie werden abgeleitet von:

Nomen	Schüler	die Schüler*schaft*	(Personengruppe)
Adjektiven	bereit	die Bereit*schaft*	(Zustand: *bereit sein*)
Verben	gefangen sein wissen	die Gefangen*schaft* die Wissen*schaft*	(Zustand)

21 **Ergänze die Nomen, Adjektive und Verbformen, von denen die folgenden Wörter abgeleitet sind.**

Kameradschaft	_Kamerad_	Eigenschaft	_____
Freundschaft	_____	Errungenschaft	_____
Verwandtschaft	_____	Mitgliedschaft	_____
Lehrerschaft	_____	Machenschaft	_____

Verben

abschreiben von (Dat)
   (schrieb ab, abgeschrieben)
sich anstrengen
aufpassen
ausfallen
   (fiel aus, ist ausgefallen)
ausrechnen
jdn. bestrafen
jdn. etw. beweisen
   (bewies, bewiesen)
drankommen
   (kam dran, ist drangekommen)
jdm. drohen mit (Dat)
durchfallen
   (fiel durch, ist durchgefallen)
jdm. etw. erklären
etw. fordern von (Dat)
etw. korrigieren
jdn. loben
sich melden
sitzen bleiben
   (blieb sitzen, ist sitzen geblieben)
etw. studieren
jdn. verprügeln
verstärken
etw. verteilen
sich vorbereiten auf (Akk)
jdm. etw. vorwerfen (warf vor, vorgeworfen)
jdn./etw. wählen
zunehmen
   (nahm zu, zugenommen)
jdn. zusammenschlagen
   (schlug zusammen, zusammen-
   geschlagen)

Nomen

das Abitur
der Abiturient, -en
die Abiturientin, -nen
das Abschlusszeugnis, -se
die Aggression, -en
der Ausbildungsplatz, -̈e
der Ausflug, -̈e
der Betrug
die Erpressung, -en
das Fach, -̈er
die Freistunde, -n
die Gesamtschule, -n
die Gewalt
die Grundschule, -n
das Gymnasium, Gymnasien
die Hauptschule, -n
die Klassenarbeit, -en
der Konflikt, -e
die Körperverletzung
der Kurs, -e
die Leistungsgruppe, -n
die Note, -n
die Oberstufe
das Opfer, -
die Pause, -n
die Prügelei, -en
die Realschule, -n
die Rückgabe
die Schlägerei, -en
der Schulabschluss, -̈sse
die Schülervertretung, -en
der Schulhof, -̈e
die Strafe, -en
der Streber, -
die Streberin, -nen
der Studienplatz, -̈e
der Täter, -
die Universität, -en
die Zensur, -en

Adjektive und Adverbien

aggressiv
aktuell
altmodisch
brutal
ehrgeizig
fleißig
gerecht
gewalttätig
hilfsbereit
schlimm
schwierig
sicher
stark
stressig
traurig
wütend

Ausdrücke

von der Schule abgehen
eine Arbeit/Arbeiten schreiben
(k)eine Chance haben
unter Druck stehen
frei haben
viele/wenige Hausaufgaben
   aufkriegen/aufgeben/aufbekommen
gute/schlechte Laune haben
Mitleid haben mit (Dat)
den Mut verlieren
Nachhilfeunterricht geben/nehmen/
   bekommen
gute/schlechte Noten haben/geben/
   bekommen
schuld sein an (Dat)
auf die Schule gehen/die Schule
   besuchen
die Schule schwänzen
(keinen) Spaß verstehen

22 **Was hätte man tun sollen? Was hätte man nicht tun dürfen?
Ergänze Verben mit *ver-* aus dem Kasten.**

~~verkleinern~~   verprügeln   verkleinern   verkürzen

verlängern   verbessern   verteilen

1. Der Schulhof war früher viel größer. Jetzt haben die Schüler nicht mehr genug Platz. Man _hätte_ den Schulhof nicht

   verkleinern dürfen.

2. In Deutschland müssen die Schüler 13 Jahre zur Schule gehen, bis sie das Abitur machen können. Das ist viel zu lange.

   Man _____ schon längst die

   Schulzeit _____ .

3. Die meisten Mitschüler und Mitschülerinnen wissen nicht, dass wir gegen den Parkplatz auf unserem Schulhof demonstrieren wollen.

   Wir _____ Flugblätter

   _____ .

4. Die Osterferien waren in diesem Jahr viel zu kurz. Nur acht Tage!

   Man _____ die Ferien um eine

   Woche _____ .

5. Die Sportgruppe war zu groß. Der Sportlehrer konnte sich nicht um alle kümmern.

   Man _____ die Gruppe

   _____ .

6. Ich kann ja verstehen, dass du dich über deinen Bruder geärgert hast.

   Aber du _____ ihn nicht gleich

   _____ .

7. Ich habe seit zwei Monaten Nachhilfeunterricht. Vielleicht bleibe ich nicht sitzen. Aber

   ich _____ schon viel früher meine

   Leistungen _____ .

23 **Schüler und Lehrer**

a) **Welche Verben passen zu den Lehrern/Lehrerinnen, welche zu den Schülern/Schülerinnen, welche zu beiden? Kennzeichne sie mit S oder L.**

S abschreiben   sich entschuldigen   Angst haben   bestrafen   loben

fordern   aufpassen   **SCHÜLER**   **LEHRER**   sich beschweren

durchfallen   schimpfen   erklären   drohen   L unterrichten   schwänzen

sitzenbleiben   sich melden   sich vorbereiten   lernen

b) **Schreib eine kurze Schulgeschichte und benutze dazu mindestens 8 Verben aus a).**

24 lernen – lesen – erfahren – studieren
Ergänze das passende Verb.

1. Ich habe aus der Zeitung

   _erfahren_____, dass morgen alle
   Schüler frei haben.

2. Er hat Gitarre spielen

   _____, obwohl er eigentlich

   Klavier spielen _____
   wollte.

3. Mein Bruder _____ Mathe-
   matik und Physik an der Universität München.

4. Wir haben die ganze Woche für diese Prüfung

   _____.

5. Gestern haben wir im Reisebüro

   _____, dass die Flugtickets
   teurer geworden sind.

6. Hast du das Gedicht

   _____?

> lernen: Sprache, Fähigkeit(en), Instrument
> lesen: Text
> erfahren: Mitteilung, Neuigkeit(en),
>   Information(en)
> studieren: Universität

7. Ich habe heute Morgen in der Zeitung

   _____, dass die Lehrer
   streiken wollen.

8. Hast du auch den Bericht über Hawaii in der

   Zeitschrift _____?

9. Ich habe aus deinem Brief

   _____, dass nicht alle El-
   tern in Deutschland so streng sind, wie ich gedacht habe.

25 Bilde aus den Silben Wörter.
Der Lückentext hilft dir dabei.

AG - EN - EN - ER - FEN - FER
- GE - GE - GE - GRES - KÖR -
LEI - LET - ON - OP - PER -
PRES - PRÜ - REI - SCHLÄ - SI
- STRA - SUNG - TÄ - TER -
VER - WALT - ZUNG

Man sagt, dass es immer mehr ① und ② an deutschen Schulen gibt. Viele Schüler haben Angst
vor ③ und ④. Auf den Schulhöfen gibt es immer
häufiger ⑤ (Plural) und ⑥ (Plural). Die ⑦ (Plural) sind meistens nicht viel älter als die ⑧ (Plural). Viele Leute glauben, dass man durch harte ⑨
(Plural) diese Probleme verringern könnte.

26 Ergänze die passenden Nomen aus der Wortliste.

1. Ohne _Schulabschluss_ ist es schwer, eine Arbeit zu finden.

2. Wenn man ein gutes _____ von einer Haupt- oder Realschule hat, kann man leichter einen _____ finden.

3. Wenn man Arzt oder Professor werden will, muß man eine _____ besuchen.

4. Ohne _____ kann man nicht studieren.

5. Die ersten Schuljahre verbringt man in Deutschland in der _____.

6. In jeder Schule gibt es eine _____, die sich um die Probleme und Interessen aller Schüler kümmert.

7. Seine Freunde halten ihn für einen _____, weil er so ehrgeizig ist.

8. In allen Fächern müssen die Schüler mehrere _____ im Schuljahr schreiben.

27 Erkläre die folgenden Nomen.

1. der Abiturient • 2. die Pause • 3. der Schulhof • 4. die Gesamtschule • 5. die Oberstufe

28 Suche aus den Wortlisten von L1 bis L4 alle Nomen, die auf *-ung* und *-schaft* enden. Welche Pluralendung haben sie?

29 a) Ergänze das passende Adjektiv.

die Aggression	_aggressiv_	die Hilfsbereitschaft	_____
die Brutalität	_____	die Schwierigkeit	_____
der Ehrgeiz	_____	die Sicherheit	_____
der Fleiß	_____	die Stärke	_____
die Gewalttätigkeit	_____	der Stress	_____
die Hilflosigkeit	_____	die Wut	_____

) Ergänze passende Adjektive aus a).

äter   _aggressiv, gewalttätig, ..._____

pfer   _____

chüler   _____

chule   _____

ltern   _____

30 **Ergänze die Sätze. Nimm dazu Redewendungen aus der Wortliste.**
Schreib im Präteritum.

Ich musste den ganzen Nachmittag Hausaufgaben machen und konnte nicht mit meiner Clique ins

Schwimmbad gehen. Deshalb _hatte ich schlechte Laune._____

Sie war im letzten Schuljahr sehr schlecht in Englisch. Deshalb kam zweimal die Woche ein Privat-

lehrer ins Haus und _____

Eigentlich wollte er sich gegen die gewalttätigen Mitschüler wehren. Aber als er die großen Jungen sah,

_____

Marietta wollte lieber eine Lehre machen. Deshalb _____ nach der zehnten Klasse

_____ .

An 36 Unterrichtstagen war sie nicht in der Schule, sondern im Eiscafé: sie _____ einfach.

Der Tourist gab dem armen Mann vor der Kirche Geld, weil _____

Wie beurteilst du deinen Lernerfolg?

a) Was kannst du jetzt gut/schon besser als vorher?
Wo hast du noch große Probleme?
Kreuze an.

Ich kann jetzt

		gut	schon besser als vorher	Es gibt noch große Probleme.
Texte hören, lesen und verstehen	● von der Überschrift auf den Textinhalt schließen	☐	☐	☐
sprechen und schreiben	● über meine Schule berichten	☐	☐	☐
	● verschiedene Schultypen miteinander vergleichen	☐	☐	☐
	● in einem Brief meine persönliche Meinung äußern und begründen	☐	☐	☐
dabei vor allem	● den entsprechenden Wortschatz benutzen	☐	☐	☐
	● Möglichkeiten und Wünsche in der Vergangenheit durch den Konjunktiv II ausdrücken	☐	☐	☐
	● mit Hilfe des Präteritums über Vergangenes berichten	☐	☐	☐
	● Sätze mit *obwohl* und *trotzdem* verbinden	☐	☐	☐
	● mit Hilfe von Relativsätzen etwas genauer bestimmen	☐	☐	☐
	● Nomen auf *-schaft* und *-ung* bilden	☐	☐	☐
	● *st* und *sp* richtig aussprechen	☐	☐	☐

b) Ich weiß jetzt Folgendes über die Schule in Deutschland:

_____

_____

_____

_____

_____

_____

1 **Wie Jugendliche beurteilen, was sie von ihren Vorfahren[1] geerbt haben.**
Schreib wie im Beispiel. Nimm dazu die Redemittel im Kasten.

... freut sich über ..., ... ist (sehr/ganz/gar nicht) zufrieden mit ..., ... ärgert sich über ...,	die/das sie/er von ... geerbt hat.

Meine Zähne sind so weiß, dass ich im Fernsehen für Zahnpasta werben könnte. Das habe ich von meiner Oma, die mit ihren 70 noch keinen Zahn verloren hat.
(Nicole, 14)

Nicole freut sich über die weißen Zähne, die sie von ihrer Oma geerbt hat.

4. In meiner Familie sind alle Verwandten sehr alt geworden. Schwere Krankheiten gibt's bei uns nicht. Wir können gut sehen, gut hören, sind stark und gute Sportler. Unsere körperliche Fitness ist wirklich beeindruckend.
(Max, 15)

. Es ist leider nicht immer ein Geschenk, was man von seinen Eltern mitbekommt. Ich habe rote Haare und zu viele Sommersprossen, was für einen Mann nicht gerade toll ist.
(Sebastian, 15)

5. Ich beobachte oft meine Eltern und sehe, dass ich ähnliche Angewohnheiten habe wie sie, z.B. das schrille Lachen meiner Mutter. Ich glaube, ich finde das nicht so gut.
(Daniel, 14)

2. Ich bin eine tolle Vererbungsmischung: Von der Oma die undeutliche Aussprache, vom Opa platte Füße.
(Andreas, 13)

6. Ich habe in Mathe immer eine Eins. Meine Mutti hatte beim Abitur in Mathe eine Eins und meine Großmutter auch. Hier sieht man, dass ich ihre Begabung[2] geerbt habe.
(Christine, 15)

. Ich habe leider eine sehr sensible Art. Das habe ich von meiner Tante Uta. Sie versteht mich am besten, wenn ich Liebeskummer habe.
(Britta, 15)

7. Ich habe von meiner Mutti das zarte, feine Gesicht. Mein Vati ist total rechteckig. Das habe ich zum Glück nicht geerbt, sonst hätte ich als Frau keine Chance.
(Anna, 16)

8. Meine Lernfähigkeit ist schwach. Darum habe ich die Realschule nicht geschafft. Das Zeugnis meines Vaters sah auch nicht besser aus. In Deutsch hatte er meistens eine Fünf. Da braucht man sich nicht zu wundern, wenn ich auch kein Musterschüler bin. *(Jan, 15)*

Vorfahren: Eltern, Großeltern, Urgroßeltern
Begabung: Talent

2 a) Schreib Vergleiche. Nimm dazu die Adjektive im Kasten.

1. Im Kaufhaus gibt es diese Jeans für 49 Euro. In der Boutique Vanessa kostet sie 10 Euro mehr.

   Der Preis in der Boutique ist höher als im Kaufhaus.

   Der Preis in der Boutique ist nicht so niedrig wie im Kaufhaus.

2. Schokolade ist nicht so gut für die Gesundheit wie Jogurt.

   Jogurt ist _____

3. Mein Hund geht bei Grün ganz allein über den Zebrastreifen. Das kann deiner nicht!

   Mein Hund ist _____

4. Dieses Jahr hatte es in den Osterferien nur um 15 Grad, letztes Jahr dagegen fast 10 Grad mehr.

   Letztes Jahr war es _____

5. Anja hat lange Haare, Candida dagegen kurze.

   Candidas Haare sind _____

6. Seit du Bodybuilding gemacht hast, hast du viel mehr Muskeln als vorher.

   Jetzt bist du _____

7. Meine Tante ist 28, mein Onkel ist 45.

   Meine Tante ist _____

8. Meine alte Schule hatte nur acht Klassenräume. Die neue Schule dagegen hat 15.

   Die neue Schule _____

stark ■ groß ■ kurz ■ klein ■ hoch ■ ungesund ■ kalt ■ schwach ■ gesund ■ jung ■ lang ■ dumm ■ niedrig ■ alt ■ klug ■ warm

b) Ergänze die Tabelle.

Positiv	Komparativ	Superlativ
alt		
dumm		
gesund		
groß		
hoch	höher	am höchsten
jung		

kalt		
klug		
kurz		
lang		
schwach		
stark		
warm		

3 Werbung

Ordne zu. (Manchmal gibt es mehrere Möglichkeiten.)

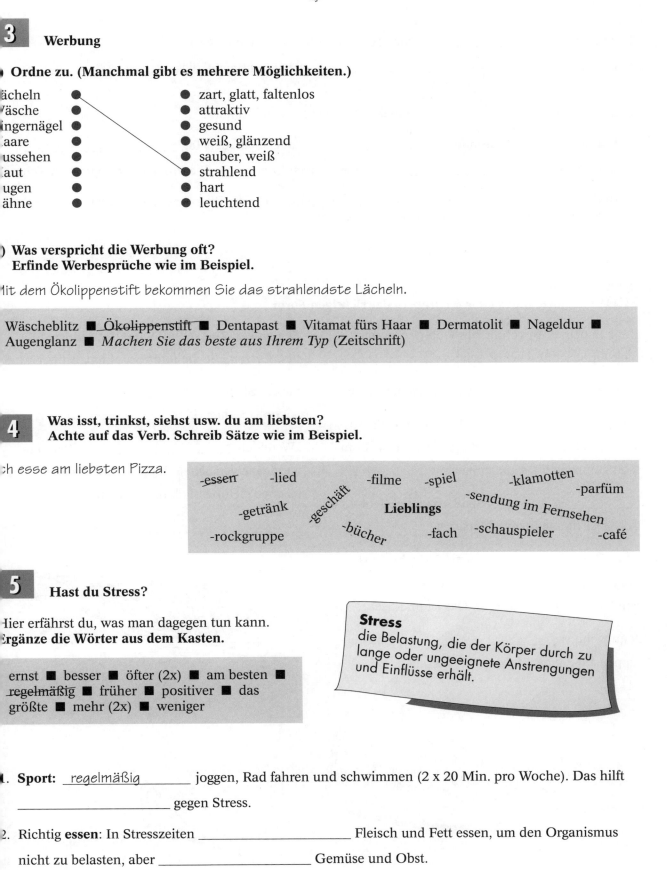

Lächeln ●   ● zart, glatt, faltenlos
Wäsche ●   ● attraktiv
Fingernägel ●   ● gesund
Haare ●   ● weiß, glänzend
Aussehen ●   ● sauber, weiß
Haut ●   ● strahlend
Augen ●   ● hart
Zähne ●   ● leuchtend

Was verspricht die Werbung oft?
Erfinde Werbesprüche wie im Beispiel.

Mit dem Ökolippenstift bekommen Sie das strahlendste Lächeln.

Wäscheblitz ■ _Ökolippenstift_ ■ Dentapast ■ Vitamat fürs Haar ■ Dermatolit ■ Nageldur ■
Augenglanz ■ *Machen Sie das beste aus Ihrem Typ* (Zeitschrift)

4 Was isst, trinkst, siehst usw. du am liebsten?
Achte auf das Verb. Schreib Sätze wie im Beispiel.

Ich esse am liebsten Pizza.

-essen   -lied   -filme   -spiel   -klamotten   -parfüm
-getränk   -geschäft   **Lieblings**   -sendung im Fernsehen
-rockgruppe   -bücher   -fach   -schauspieler   -café

5 Hast du Stress?

Hier erfährst du, was man dagegen tun kann.
Ergänze die Wörter aus dem Kasten.

Stress
die Belastung, die der Körper durch zu
lange oder ungeeignete Anstrengungen
und Einflüsse erhält.

ernst ■ besser ■ öfter (2x) ■ am besten ■
regelmäßig ■ früher ■ positiver ■ das
größte ■ mehr (2x) ■ weniger

1. **Sport:** _regelmäßig_____ joggen, Rad fahren und schwimmen (2 x 20 Min. pro Woche). Das hilft

   _____ gegen Stress.

2. Richtig **essen**: In Stresszeiten _____ Fleisch und Fett essen, um den Organismus

   nicht zu belasten, aber _____ Gemüse und Obst.

3. **Atmen:** _____ am Tag tief durchatmen. Auch singen hilft!

4. **Optimismus:** Alles etwas _____ sehen und nicht alles so _____ nehmen.

5. **Schlaf:** _____ schlafen, mindestens acht Stunden!

6. **Planen:** Eine halbe Stunde _____ aufstehen; den Tag _____ organisieren. _____ Problem zuerst lösen, nicht alle Probleme zur gleichen Zeit!

7. **Reden:** _____ mal mit einem Freund über die Probleme reden. Oder nur zuhören, wenn jemand anders Probleme hat – das hilft auch!

6 Ilonas Hobby: Lippenstifte
Ergänze *mehr* oder *mehrere* in der richtigen Form.

Ilona hat ein ungewöhnliches Hobby: Sie sammelt Lippenstifte – schon seit

_mehreren_____ Jahren! Zu Hause hat

sie _____ Lippenstifte als jedes andere Mädchen: zweihundertsieben Stück! Ilona sagt: „Lippenstifte sammeln macht

_____ Spaß als andere Hobbys." Das finden inzwischen auch

_____ andere Mädchen aus Ilonas Klasse, die angefangen haben, sich mit diesem Hobby zu beschäftigen. Das ist praktisch,

denn wenn sie _____ gleiche Lippenstifte haben, können sie tauschen.

Seit einiger Zeit stellt Ilona selbst Lippenstifte her: Kerzen, die die Form von Lippenstiften

haben. Sie hat schon _____ davon verschenkt.

„Wenn ich _____ Zeit hätte, würde ich versuchen, Lippenstifte aus Keramik zu machen." Hoffentlich hat Ilona noch

_____ so gute Ideen!

> mehr Jugendliche als Erwachsene
> (Komparativ von *viel;* ohne Endung)
> mehrere Jugendliche = einige Jugendliche
> (Endung richtet sich nach dem Nomen)

7 Schülerin und Fotomodell
Christine ist siebzehn und geht noch zur Schule, aber in ihrer Freizeit arbeitet sie als Fotomodell.

a) Bring die Textteile in die richtige Reihenfolge.

○ Christine ist ein hübsches Mädchen.

○ „Die finden es toll, dass ich Modell bin. Nur am Anfang, als ich in einem Schönheitswettbewerb gewonnen hatte, machten ein paar Mädchen dumme Bemerkungen. Sie waren einfach neidisch.

○ „Das wäre auch schlimm, weil ich nämlich am liebsten Dinge esse, die dick machen: Torte, überhaupt Süßigkeiten, Pizza und Hamburger."
Christines Eltern freuen sich über ihren Erfolg als Fotomodell.

○ „Auch wenn ich ausgehe, bin ich lieber ungeschminkt und in Jeans. Da fühle ich mich einfach wohler."
Mit ihrem Gewicht hat Christine keine Probleme.

○ Meistens werden junge Mädchen dafür gesucht. Christine macht häufig Werbefotos für Modekataloge. Zuerst wird sie von der Visagistin geschminkt.

○ Aber sie sagen auch oft: „Denk an die Schule. Sie ist wichtiger als dein Job als Modell." Und ihre Freunde?

○ Darüber war ich erst völlig schockiert, weil ich ja schließlich kein anderer Mensch geworden bin. Ich meine, der Charakter ist wichtiger als das Aussehen."
Schönheit bedeutet nicht unbedingt auch, dass man viele Freunde hat.

○ Obwohl der Job anstrengend ist, meint Christine: „Ich mag meinen Nebenjob, denn man kann reisen und lernt viele interessante Leute kennen."
In ihrer Freizeit schminkt sie sich kaum.

○ Aber sie tut nichts Besonderes für ihr Aussehen.

○ Am Ende einer Foto-Session ist Christine gewöhnlich sehr müde, weil es lange dauert, bis der Fotograf mit den Bildern zufrieden ist.

○ Sie sieht nämlich auch ohne Schminke und besondere Kleidung gut aus. Christine geht in die vorletzte Klasse eines Gymnasiums und in ihrer Freizeit arbeitet sie für eine Modell-Agentur.

○ Dann erklärt ihr der Fotograf, welche Aufnahmen er machen möchte.

○ Diese Agenturen suchen gut aussehende Frauen und Männer für Werbefotos, Messen und Modenschauen.

b) Markiere alle Wörter, die dir beim Zusammensetzen des Textes geholfen haben, und trag diese Wörter in die Tabelle ein.

Proformen (Pronomen, Pronominaladverbien)	Konjunktionen	Wortfeld	synomyme Ausdrücke
die darüber		Fotograf Foto-Session	

8 Schneewittchen

a) Lies den Text und schmück ihn mit Adjektiven aus.

Es war einmal im Winter und die Schneeflocken fielen wie Federn vom Himmel,
da saß eine Königin an einem Fenster,
das einen Rahmen aus Ebenholz hatte, und
5 nähte. Und als sie beim Nähen nach dem
Schnee hinschaute, stach sie sich mit der Nadel
in den Finger und es fielen drei Tropfen Blut in
den Schnee. Und weil das Rote im Schnee so
schön aussah, dachte sie: „Hätt' ich doch ein
10 Kind so weiß wie Schnee, so rot wie Blut und
so schwarz wie das Holz am Fensterrahmen."
Bald darauf bekam sie ein Töchterlein mit einer
Haut so weiß wie Schnee, mit Lippen so rot
wie Blut und Haaren so schwarz wie Ebenholz.
15 Und als das Kind geboren war, starb die Königin.
Einige Zeit später heiratete der König zum
zweiten Mal. Seine zweite Gemahlin war sehr
schön, aber eingebildet und stolz und sie konn-
20 te nicht leiden, dass jemand anders schöner

war als sie selbst. Sie hatte einen Spiegel und
wenn sie sich vor den hinstellte und sich darin
ansah, sprach sie:
„Spieglein, Spieglein an der Wand,
wer ist die Schönste im ganzen Land?"
Dann antwortete der Spiegel:
„Frau Königin, Ihr seid die Schönste im Land."
Da war sie zufrieden, denn sie wusste, dass der
Spiegel die Wahrheit sagte.
Schneewittchen aber wurde größer und immer
schöner, und als es sieben Jahre alt war, war es
so schön wie der Tag und schöner als die Königin. Als diese einmal ihren Spiegel fragte:
„Spieglein, Spieglein an der Wand,
wer ist die Schönste im ganzen Land?"
da antwortete er:
„Frau Königin, Ihr seid die Schönste hier,
aber Schneewittchen ist tausendmal schöner
als Ihr."

Es war einmal im allertiefsten, bitterkalten Winter und die weißen Schneeflocken ...

---

b) Zusammengesetzte Adjektive

Wie wird Schneewittchen beschrieben? Such die entsprechenden Stellen im Text.

Sie hat eine *schneeweiße* Haut.   mit einer Haut ...

Sie hat *blutrote* Lippen.

Man nimmt solche zusammengesetzten Adjektive zur Verstärkung, manchmal auch zur Übertreibung, z.B. in der Sprache der Werbung:

blütenweiße Wäsche (weiß wie Blüten)	=	absolut weiße Wäsche
eine bärenstarke CD (stark wie ein Bär)	=	eine phantastische, tolle CD

Erkläre die folgenden Adjektive und ergänze ein passendes Nomen.

bildschön   schön wie ein Bild; eine bildschöne Frau

himmelblau

eiskalt

sonnenklar

zuckersüß

steinhart _____

mäuschenstill _____

strohdumm _____

blitzschnell _____

kugelrund _____

federleicht _____

butterweich _____

morgenfrisch _____

taghell _____

9 Die Geschichte des T-Shirts

Es kommt aus den USA, ist weiß und sieht aus wie ein „T". Darum heißt es T-Shirt.
Schreib einen Text mit den angegebenen Teilen. Achte auf die richtige Zeit.

früher / man / es unter dem Oberhemd tragen
nach dem zweiten Weltkrieg / amerikanische Soldaten / auf das Oberhemd verzichten: es den „Alten" zeigen wollen
Marlon Brando / in den 50er Jahren im Theaterstück „Endstation Sehnsucht" ein enges weißes T-Shirt tragen
so / dieses Unterhemd / zum Symbol für Jugend, Freiheit, Abenteuer und Rebellion werden
in den 60er Jahren / das T-Shirt nach Deutschland kommen
ein Mode-Hit werden
billig und bequem sein; die Figur der Mädchen und die Muskeln der Männer betonen
bald / die neuen, frechen Hemden / nicht mehr weiß oder schwarz, sondern poppig bunt sein
oft mit Mustern, Bildern, Comics und Sprüchen bedruckt sein

Früher trug man es...

10 Naturkosmetik – ein Rezept für die Schönheit

Naturkosmetik kann man selbst zu Hause herstellen. So tut man etwas für die Schönheit und braucht nicht viel Geld auszugeben.
Ergänze die Verben im Passiv.

Sportcreme
Zutaten:
5 g Lanolin (1/2 Kaffeelöffel)
30 g Vaseline
1 Esslöffel Avocadoöl
40 g destilliertes Wasser
3 Tropfen Lavendelöl

So _wird_ Sportcreme _hergestellt_ (herstellen):

Lanolin und Vaseline _____ in einen Topf _____ (tun) und im Wasserbad

_____ (auflösen). Dann _____ Avocadoöl _____ (hinzufügen) und

alles auf 60 Grad _____ (erwärmen). Gleichzeitig _____ das destillierte Wasser auf 60 Grad

_____ (erhitzen) und mit dem Mixer in die Fettmischung _____ (einrühren).

Wenn die Creme abgekühlt ist, _____ das Lavendelöl _____ (dazugeben).

Diese Sportcreme _____ besonders als Schutz gegen Wind und Wetter _____

(benutzen) oder auch einfach als Hautcreme.

11 a) **Nicht mit allen Verben können Passivsätze gebildet werden. Kreuze an, wo das Passiv möglich ist. Schreib die Passivsätze wie im Beispiel in dein Heft.**

2. Diese Hautcreme wird mir empfohlen.

1. ☐ Ihr trefft euch in der Stadt.
2. ☒ Man empfiehlt mir diese Hautcreme.
3. ☐ Es gibt auch Busse nach Mitternacht.
4. ☐ Sie verbringen die Ferien meist auf einer Insel.
5. ☐ Der Zug kommt um 18 Uhr an.
6. ☐ Wir sind manchmal laut in der Klasse.
7. ☐ Der Trainer lobt uns nie, obwohl wir viel trainieren.
8. ☐ Mario wird dieses Schuljahr wohl nicht durchkommen.
9. ☐ Der Direktor brüllt die Schüler manchmal an.
10. ☐ Immer wieder schlagen die älteren Jungen schwächere Schüler auf dem Schulhof zusammen.
11. ☐ Geschwister streiten sich oft, aber sie versöhnen sich auch schnell wieder.
12. ☐ Ich glaube, unsere Nachbarn erziehen ihre Kinder ziemlich streng.
13. ☐ An dieser Kreuzung passieren häufig Unfälle.
14. ☐ Der Physiklehrer erklärt die Aufgaben einfach nicht richtig.
15. ☐ Ich übersetze den Text bis nächsten Montag.
16. ☐ In der Schülertoilette riecht es mal wieder nach Zigaretten!
17. ☐ Am Wochenende räume ich bestimmt mein Zimmer auf.
18. ☐ Ich schlage euch einen Kompromiss vor.
19. ☐ Freut ihr euch auf den Ausflug?
20. ☐ Sie macht ihm große Vorwürfe.
21. ☐ Gewöhnlich verschwindet er nach der Pause.
22. ☐ Oft vergleichen wir diese beiden Länder miteinander.
23. ☐ Heute kommt sicher ein Brief aus England.
24. ☐ Er hat ein schönes Haus am Meer.
25. ☐ Wenn du den Computer die ganze Zeit an- und ausmachst, geht er bestimmt kaputt.
26. ☐ In den Bergen hat es heute den ganzen Tag geschneit.

) **Ergänze die Liste mit Verben aus a) mit denen man kein Passiv bilden kann.**

Verben mit *sich*	Verbindungen mit *sein* und *haben*	Verben der Fortbewegung	Verben der Zustandsveränderung	unpersönliche Verben
sich treffen				es gibt

12 Lohnen sich Schönheitsoperationen?

Viele Mädchen – und inzwischen auch Jungen – sind mit ihrer Nase unzufrieden. So auch die 18-jährige Beate U. aus Hamburg. Sie kann ihre Höckernase[1] nicht leiden, die sie sich als Kind einmal gebrochen hat. Dr. Sigmund Kallmeier operiert Beate in einer Hamburger Klinik. Unser Reporter Rolf Lange war dabei. Hier ist sein Bericht.

Zuerst betäubt[2] der Arzt Beate, damit sie keine Schmerzen hat. Beate fühlt nicht, wie Dr. Kallmeier den Nasenknochen mit einem Hammer bricht und dann begradigt[3] und die „neue" Nase formt. Damit er die Blutung stoppt, steckt er Zellstoff in die Nasenlöcher. Dann legt er einen Verband an, den er in der nächsten Woche abnimmt. Erst dann wissen wir, wie die neue Nase aussieht. Dr. Kallmeier verlangt für eine solche Operation zwischen 3.500 und 5.000 Euro. Wir fragen uns: Lohnt sich die Sache? Wir hoffen, dass Beate mit dem Ergebnis zufrieden ist.

Schreib den Bericht neu. Der Arzt soll in dem Bericht nicht erscheinen.

> Viele Mädchen – und inzwischen auch Jungen – sind mit ihrer Nase unzufrieden. So auch die 18-jährige Beate U. aus Hamburg.
> Sie kann ihre Höckernase nicht leiden, die sie sich als Kind einmal gebrochen hat.
> Beate wird in einer Hamburger Klinik ...

[1] Höckernase: die Nase ist nicht gerade
[2] betäubt: macht ... gegen Schmerzen unempfindlich
[3] begradigt: gerade macht

Verben

etw. anprobieren
jdn./etw. anstarren
etw. aufkleben
auftragen
   (trug auf, aufgetragen)
etw. ausschneiden
   (schnitt aus, ausgeschnitten)
auswandern
etw. bedrucken
bestehen aus (Dat)
   (bestand, bestanden)
etw. betonen
jdn./etw. bewundern
etw. bügeln
durchatmen
etw. erben
etw. erfinden
   (erfand, erfunden)
sich ernähren
etw. färben
sich genieren
etw. gründen
jdn./etw. hassen
etw. herstellen
jdn./etw. imitieren
kaputtgehen
   (ging kaputt, ist kaputtgegangen)
sich lohnen
sich schämen
sich schminken
verzichten auf (Akk)
etw. wagen
jdm. zuhören

Nomen

das Abenteuer, -
die Attraktivität
die Aufnahme, -n
die Äußerlichkeit, -en
der Baumwollstoff, -e
das Bodybuilding
die Designermode
der Dressman, Dressmen
die Entstehung
die Ernährung
der Faltenrock, –¨e
das Fett
der Fingernagel, –¨
das Fitnesstraining
das Fleisch
das Fotomodell, -e
die Frisur, -en
das Gemüse
der Gesichtsausdruck
das Gewicht, -e
der Hals, –¨e
der Händler, -
die Haut
die Kniebeuge, -n
der Knochen, -
das Konditionstraining
der Leistungssportler, -

der Lippenstift, -e
das Make-up
die Messe, -n
die Modenschau, -en
der Muskel, -n
der Nagellack, -e
die Naturkosmetik, -a
das Obst
die Person, -en
die Persönlichkeit
der Pickel, -
der Reißverschluss, –¨e
der Rücken, -
die Schminke
das Schönheitsideal, -e
die Schönheitsoperation, -en
das Selbstbewusstsein
das Selbstwertgefühl
die Sommersprosse, -n
der Stempel, -
der Stoff, -e
die Süßigkeit, -en
die Tätowierung, -en
die Visagistin, -nen
die Werbung
der Wettkampf, –¨e

Adjektive und Adverbien

anziehend
attraktiv
auffällig
ausdrucksvoll
bequem
brav
eingebildet
erstaunt
frech
faltenlos
faszinierend
glänzend
günstig
hart
lässig
muskulös
neidisch
normalerweise
oberflächlich
regelmäßig
sensibel
sinnlich
sportbegeistert
strahlend
verkrampft
verzweifelt
witzig
zufrieden mit (Dat)

Ausdrücke

(dumme) Bemerkungen machen über
   (Akk)
Diät machen/halten
jdn./etw. ernst nehmen
das gewisse Etwas haben
(k)eine gute Figur haben
im Gegenteil
Gewichte stemmen
(sich) die Haare kämmen, toupieren
etw./jdn. gut/nicht leiden können
sich etwas leisten können
den Organismus belasten
sich tätowieren lassen
im Trend liegen
eine andere/bestimmte Vorstellung von
   Schönheit haben

13   **Ergänze die Sätze.**

1. Was einem gefällt, _das bewundert man._

2. Was einem die Großeltern oder Eltern nach ihrem Tod hinterlassen, _____ .

3. Was eine andere Farbe bekommen soll, _____ .

4. Haare, die durcheinander sind, _____ .

5. Auf Dinge, die man nur schwer oder gar nicht haben kann, _____ .

6. Leute, die einem gefallen und denen man gleichen will, _____ .

7. Kleidungsstücke, die gewaschen sind, _____ .

14   **Ergänze die passenden Nomen.**

1. Es ist nichts Wichtiges, es hat nur mit dem Äußeren zu tun: _Äußerlichkeit_

2. Man bekommt sie – vor allem im Gesicht –, wenn man in die Sonne geht: _____

3. Wie etwas entstanden ist: _____

4. Sie besteht vor allem aus Zucker und wird besonders von Kindern gern gegessen: _____

5. Man glaubt an sich und seine Fähigkeiten: _____

6. Ein schöner Mensch, dem man ähnlich sein möchte: _____

7. Daraus besteht das menschliche Skelett: _____

8. Ein Rock mit Falten: _____

9. Was jemand wiegt: _____

10. Hosen, Röcke, Taschen werden damit auf- und zugemacht: _____

15   **Erkläre die Bedeutung der folgenden Wörter.**

1. der Händler • 2. Naturkosmetik • 3. der Leistungssportler • 4. die Modenschau • 5. die Visagistin

16 Ergänze die passenden Nomen aus der Wortliste.

1. der Friseur / die Friseurin   _die Frisur_ _____

2. der Diätologe / die Diätologin   _____

3. die Kosmetikerin   _____

4. der Chirurg / die Chirurgin   _____

5. der Dressman / das Fotomodell   _____

6. _____   Konditionstraining

7. der Tätowierer / die Tätowiererin   _____

8. _____   Import und Export

9. der Schneider / die Schneiderin   _____

10. der Fotograf / die Fotografin   _____

17 Plural
Mach eine Liste in deinem Heft mit den Nomen im Kasten.
Welche Regeln kannst du ableiten?

Vater ■ Operation ■ Gedicht ■ Kopf ■ Streber ■ Party ■ Pflicht ■ Kurs ■ Hobby ■ Kind
■ Schüler ■ Traum ■ Aufnahme ■ Land ■ Täter ■ Buch ■ Foto ■ Lippenstift ■ Streiterei
■ Fotomodell ■ Fach ■ Lied ■ Gast ■ Café ■ Absender ■ Wort ■ Recht ■ Ausbildungsplatz ■ Partner ■ Fan ■ Pass ■ Mitglied ■ Outfit ■ Stoff ■ Jugendamt ■ Kleid ■ Voraussetzung ■ Laden ■ Empfänger ■ Wettkampf ■ Fingernagel ■ Tätowierung

-e	"-e	-(e)n	-er	"-e	-s	-	"-
		Operation					Vater

18 Ergänze Adjektive aus der Wortliste in der richtigen Form (höchstens drei).

1. ein   _anziehendes/strahlendes_ _____   Lächeln

2. eine _____   Person

3. die   _____   Kleidung

4. ein   _____   Verhalten

5. eine _____   Figur

19 **Ergänze Ausdrücke mit den passenden Adjektiven.**

1. In dieser Kleidung fühlt man sich wohl: _eine bequeme Kleidung_____

2. Der Jugendliche macht gern Sport: _____

3. Das Gesicht hat keine Falten: _____

4. Von dieser Persönlichkeit geht eine starke Faszination aus: _____

5. Der junge Mann hat dicke Muskeln: _____

6. Das Kleid betont deine Vorzüge: _____

7. Über diese Tätowierung muss ich lachen: _____

8. Der Mensch hat Probleme und hat jede Hoffnung verloren: _____

9. Jeder achtet sofort auf dein Outfit: _____

20 **Ergänze passende Ausdrücke.**

1. Körperteile   _Arme, Beine, Po ..._____

2. Gesicht   _____

3. _____   Gewichte stemmen, Kniebeugen machen, ...

4. Schönheit   _____

5. _____   Orangen, Bananen, Aprikosen ...

6. _____   Karotten, Bohnen, Kraut ...

7. Kosmetikartikel   _____

21 **Ergänze passende Verben und Ausdrücke.**

1. Wenn man sich etwas zum Anziehen kauft,

   sollte man es zuerst _anprobieren._____

2. Ist dir Helga sympathisch? Ich muss sagen, ich

   _____ sie gar nicht

   _____ .

3. Abends sollte man keine schweren Speisen
   mehr essen, um den Organismus nicht zu

   _____ .

4. Designermode finde ich wirklich zu teuer, das

   _____ ich mir nicht

   _____ .

5. Petra nimmt täglich nur 1500 Kalorien zu sich,

   weil sie _____ .

6. Jakob ist eigentlich nicht schön. Trotzdem
   mögen ihn die Mädchen, denn er hat etwas,
   was sie fasziniert. Er hat

   _____ .

7. Wenn du speziell an den Armen Muskeln bekommen möchtest, musst du

   _____ .

8. Kann man Tätowierungen eigentlich auch
   selbst machen oder muss man sich immer in

   einem Studio _____?

22 **Ordne die Ausdrücke im Kasten den drei Begriffen zu.**
(Manchmal gibt es mehrere Möglichkeiten.)

Figur	Kleidung	Selbstbewusst-sein

betonen ■ erben ■ bequem ■ wagen ■ bügeln ■ sich schämen ■ Fett ■ Schönheitsoperation ■ eingebildet ■ verkrampft ■ imitieren ■ auftragen ■ Kniebeuge ■ sensibel ■ brav ■ Ernährung ■ Pickel ■ im Trend liegen ■ kaputtgehen

Wie beurteilst du deinen Lernerfolg?

a) **Was kannst du jetzt gut/schon besser als vorher?**
Wo hast du noch große Probleme?
Kreuze an.

		gut	schon besser als vorher	Es gibt noch große Probleme.
Texte hören, lesen und verstehen	● mit Hilfe der Schlüsselwörter die wichtigsten Informationen eines Textes verstehen	☐	☐	☐
sprechen und schreiben	● über das Aussehen sprechen: sagen, was ich schön finde und warum, und was ich für mein Aussehen tue	☐	☐	☐
	● Personen und Sachen miteinander vergleichen	☐	☐	☐
dabei vor allem	● den entsprechenden Wortschatz benutzen	☐	☐	☐
	● Adjektive deklinieren und	☐	☐	☐
	● Adjektive steigern	☐	☐	☐
	● Passivformen im Präsens bilden	☐	☐	☐
	● das *r* richtig aussprechen	☐	☐	☐

b) **Ich weiß jetzt Folgendes über die Einstellung der deutschen Jugendlichen zu Aussehen, Kleidung und Mode:**

_____

_____

_____

_____

_____

_____

1 Die Firma Candidas hat vor einem Jahr einen neuen Fun-Sport erfunden:
Huckepack-Rennen (eine Person trägt eine andere auf dem Rücken).
Wie wurde für den Sport geworben?
Ordne zu und schreibe Sätze wie im Beispiel.

Von der Firma Candidas wurde eine Werbekampagne gestartet.

8 Von der Firma Candidas
☐ Im Fernsehen
☐ In den Zeitungen
☐ Auf den Straßen
☐ Zu den Wettkämpfen
☐ In den Sportgeschäften
☐ Überall
☐ Von einer Schallplattenfirma
☐ Von einem Sportexperten

1 bekannte Sportler einladen
2 Werbezettel verteilen
3 Wettkämpfe veranstalten
4 eine Platte mit dem Huckepack-Song produzieren
5 Huckepack-Shirts verkaufen
6 Artikel und Bilder über den neuen Sport veröffentlichen
7 Spielregeln erklären
8 eine Werbekampagne starten
9 Werbespots zeigen

2 Formuliere die Sätze im Aktiv bzw. Passiv. Achte auf das Tempus.

Beispiel: Für jede Sportart ist passendes Zubehör entwickelt worden.
Für jede Sportart hat man passendes Zubehör entwickelt.

1. Bei Weltmeisterschaften ermittelt man die besten Sportler der Welt.
2. Bei jedem Wettkampf müssen bestimmte Regeln eingehalten werden.
3. Das erste Surfbrett ließ man 1967 in Kalifornien ins Wasser.
4. Auf vielen deutschen Seen kann gesurft werden.
5. Bei den Meisterschaften wurden gefährliche Kunststücke gezeigt.
6. Zuerst hielten die meisten Leute Bungee-Springen für gefährlichen Unsinn.
7. Heute muss man oft 80 Euro für einen Sprung vom Kran bezahlen.
8. In den Medien ist schon über sehr viele spektakuläre Sprünge berichtet worden.
9. 1948 entdeckten Studenten einer amerikanischen Universität ein neues Spiel.
10. Die Bäckerei „Ma Frisbie" lieferte den Apfelkuchen auf blechernen Tortentellern in die Universität.
11. Diese Tortenteller konnte man fantastisch durch die Luft schleudern.
12. Von einem Geschäftsmann wurde daraus das Frisbee entwickelt.
13. Jetzt ist schon wieder eine neue Sportart ausgedacht worden: eine Art American Football mit Frisbee-Scheibe.
14. Deutsche Skater konnten bereits einige Siege bei Skateboard-Meisterschaften erringen.
15. Mit dem Skateboard kann man nicht auf nassen Straßen fahren.

3 Unpersönliche Redeweise mit *man*.
Formuliere die Sätze im Passiv.

1. Fahrkarten kann man am Schalter 1 kaufen.

   Fahrkarten können am Schalter 1 gekauft werden.

2. In unserer Schule kann man in der Pause Tischtennis spielen.

   _____

3. Im Sportcenter kann man auch im Winter schwimmen.

   _____

4. Im Eisstadion kann man Schlittschuhe ausleihen.

   _____

5. Im Fernsehen berichtete man über die Leichtathletik-Wettkämpfe.

   _____

6. Nach dem Fußballspiel hat man einige Hooligans festgenommen.

   _____

7. Am Eingang des Stadions kontrollierte man die Eintrittskarten.

   _____

4 Regeln im Fitness-Center

Patrick will sich in einem Fitness-Center anmelden.
Sein Freund gibt ihm Ratschläge, was man dort *kann, (nicht) darf, muss*.

Ergänze die Sätze.

1. Deinen Hund musst du schon zu Hause lassen, _denn Hunde dürfen nicht mitgebracht werden._
   (keine Hunde mitbringen)

2. Deine Mitgliedskarte darfst du nie vergessen. Sie _____

   _____(immer an der Rezeption vorzeigen)

3. Du brauchst keine Angst zu haben, dass jemand deine Sachen wegnimmt. _____

   _____(Kleidung in Schränken einschließen möglich)

4. Nimm immer deine Sportschuhe mit, denn _____

   _____(alle Räume nur mit Sportschuhen betreten)

5. Wenn du baden willst, vergiss nicht deine Badehose, weil _____

   _____(im Pool nicht ohne Badebekleidung schwimmen)

5. Dein tolles Öl brauchst du nicht mitzunehmen, denn _____

_____ (kein Körperöl benutzen)

7. Es macht nichts, wenn du dein Handtuch vergisst. _____

_____ (Handtücher ausleihen möglich)

8. Wenn du Hunger und Durst hast, musst du in die Cafeteria gehen, denn _____

_____ (in den Gymnastikräumen nicht essen und trinken)

9. Und du musst auf die Sportlehrer hören, denn _____

_____ (ihre Anweisungen beachten)

---

5 **Schlagzeilen**
Ordne die Textteile den Schlagzeilen zu und schreib vollständige Texte wie im Beispiel.

Die Bavaria-Stunt-Show – einfach toll!

Von männlichen und weiblichen Stuntmen wurden die gefährlichsten Tricks gezeigt. Die tollen
Leistungen wurden vom Publikum mit großem Beifall belohnt. Nach der Vorstellung konnten
die mutigen Akteure von den Fans interviewt werden.

Magic Johnson – trotz Aids Liebling der Basketball-Fans!

| 2 | **Großer Empfang!**

n unseren Leserinnen und Lesern
arla Krause zur beliebtesten Sportlerin wählen
liebtester Sportler Andreas Maler
on dem Hauptsponsor als Preis den beiden Athleten
n Scheck über 5.000 Euro überreichen

B
nach dem Fußballspiel
auch friedliche Zuschauer von radikalen Fans verprügeln
Teile der Stadioneinrichtung von ihnen zerstören
einige Randalierer von der Polizei festnehmen können

Skandal bei den Jugendmeisterschaften!

| 4 | F | *Die Bavaria-Stunt-Show – einfach toll!*

C
ei einer Routine-Untersuchung
on Ärzten die Infektion mit dem Aids-Virus entdecken
rotzdem von seinen Freunden und Fans nicht verlassen
r mit seiner Basketball-Mannschaft in Barcelona
Weltmeister werden

D
Die junge Läuferin Anja K. während des
Wettkampfes ohnmächtig werden
sie ins Krankenhaus bringen müssen
In ihrem Blut von den Ärzten Dopingmittel finden
die Sportlerin retten können

Sportler des Jahres!
Alle Ergebnisse dieser Woche.

| 6 | *Hooligans schlugen wieder zu!*

s Weltmeisterteam
n Flughafen von vielen Reportern erwarten
d von begeisterten Fans begrüßen
e Sportler in einem Bus zum Rathaus bringen
m Bürgermeister empfangen

F
hier von männlichen und weiblichen Stuntmen
die gefährlichsten Tricks zeigen
die tollen Leistungen vom Publikum mit großem
Beifall belohnen
nach der Vorstellung die mutigen Akteure von
den Fans interviewen können

6 **Ergänze die Sätze mit *werden*. Nimm dazu die Wörter im Kasten.**

1. Sie hat gestern eine Party gemacht, denn _sie ist achtzehn geworden._

2. Er macht eine Lehre bei VW, weil _er Automechaniker werden will._

3. Du brauchst heute keinen dicken Pullover, denn _____

4. Die Eintrittskarten für die Skateboard-Bahn _____

   Letzte Woche haben sie noch zwei Euro weniger gekostet.

5. Sie hat Medizin studiert und _____

6. Du hast eine halbe Stunde telefoniert und das Essen_____

7. Der Winter geht zu Ende und die Tage _____

8. Die Hausbewohner haben sich beschwert. Jetzt darf am Nachmittag auf dem Hof

   _____

9. Ist dein Pass an der Grenze _____? Meiner nicht.

10. Wir haben uns sofort gut verstanden und _____

Kinderärztin
teurer
Freunde
achtzehn
wärmer   länger
kontrolliert
gespielt
kalt
Automechaniker

---

7 **Selbstverteidigung für Mädchen.**
Ergänze die Verben im Passiv. Achte auf das richtige Tempus.

Vor einem Jahr haben zwölf Mädchen des Hamburger Corvey-Gymnasiums, alle 15–18 Jahre alt, an einem

Selbstverteidigungskurs teilgenommen. Dieser Kurs _wurde_____ als Arbeitsgemeinschaft

_angeboten_____ (anbieten). Den Mädchen _____ Techniken

_____ (zeigen), die aus dem Karate, Judo und Jiu-Jitsu stammen. Einige Techniken

_____ von Trainer Boris Kuhn, selbst Jiu-Jitsu-Meister, _____

(verändern) und durch eigene Tricks _____ (ergänzen). Beim Training

_____ zuerst paarweise _____ (üben). Danach

_____ die Mädchen einzeln im Ring vom Trainer _____ (angreifen)

und mussten sich verteidigen. So _____ von jedem Mädchen _____

_____ (prüfen können), ob es die Tricks anwenden konnte. Anfangs fiel es den

Mädchen schwer, richtig zuzuschlagen, weil sie anders _____ _____

(erziehen) als die Jungen. Früher _____ Mädchen und Frauen oft

_____ (raten) sich bei einem Angriff nicht zu verteidigen. Das gilt heute nicht mehr.

Nach einer Untersuchung der Polizei kommt es darauf an, dass gefährliche Situationen schnell

_____ _____ (erkennen) und dass schnell und richtig

_____ _____ (reagieren).

8 Sport und Schule

a) Schülerinnen äußern sich über Schulsport.
Lies, was sie darüber sagen.

Miriam (17 Jahre):

Ich gehe in die zwölfte Klasse. Ich habe sechs Stunden in der Woche
Sport, weil ich Sport als Leistungskurs mache. Drei Stunden davon sind
Theorie. Da beschäftigen wir uns mit Themen aus Biologie, Physik und
Medizin. Wir lernen zum Beispiel etwas über die Aufgaben der verschiedenen Muskeln oder wir studieren die Bewegungsabläufe bei den einzelnen
Sportarten. Wir diskutieren auch über Drogen und Doping im Sport. Das
ist sehr interessant. Meine Hauptsportart ist Geräteturnen. Man muss
außerdem noch Pflichtsportarten belegen. Man kann da Leichtathletik machen oder auch Ballsportarten wie zum Beispiel Basketball. Auch Gymnastik kann man wählen. Ich finde es gut, dass Sport genauso wichtig ist
wie andere Fächer.

Sarah (16 Jahre):

Schulsport finde ich einfach schrecklich.
Ich finde es überhaupt nicht gut, dass man am Sportunterricht
teilnehmen muss. Sport ist nämlich ein Pflichtfach und man
bekommt auch Noten. Und eine gute Note in Sport ist genauso viel wert wie eine Note in einem anderen Fach.
Da gibt es Schüler, die in allen Fächern sehr gut sind, die aber
in Sport eine schlechtere Note haben. Dann bekommen sie
einen schlechteren Notendurchschnitt auf dem Zeugnis. Im Abitur ist das besonders ärgerlich. Sportunterricht ist auch oft richtig langweilig. Ich würde gern Tennis lernen oder segeln. Aber
das gibt es bei uns nicht. Immer nur Leichtathletik, Handball,
Geräteturnen . . .

Irene (17 Jahre):

Sport in der Schule ist eigentlich ganz gut. Wir haben zwei Stunden in der Woche Sport. Da spielen wir meistens Basketball oder
machen Leichtathletik. Ich hätte gern noch öfter Sport, weil man
sich da einmal richtig austoben kann. Wenn man so viele Stunden
hintereinander in der Klasse sitzt und lernt, dann tut Bewegung
gut. Alles andere ist doch stressig.
Leider ist der Sportunterricht in unserer Schule immer nachmittags.
Ich bin dann meistens erst um halb fünf Uhr zu Hause. Dann Hausaufgaben machen – na ja – das ist ziemlich anstrengend.

**b) Was finden die Schülerinnen positiv und was
negativ? Notiere in Stichworten.**

	positiv	negativ
Miriam	Diskussion über Drogen und Doping	
Sarah		
Irene		

c) Wie ist es an deiner Schule? Schreib einen zusammenhängenden Text.

– Wie viele Stunden Sport habt ihr in der
  Woche?
– Wann findet der Sportunterricht statt?
– Welche Sportarten macht ihr?
– Habt ihr eine Turnhalle, einen Sportplatz,
  Sportgeräte?

– Haben Jungen und Mädchen gemeinsam
  Sport?
– Welche Rolle spielt die Note für Sport im
  Zeugnis?
– Wie beurteilst du insgesamt den Sportunter-
  richt, und was gefällt dir nicht?

9 Andreas ist neu in der Klasse 10a. Er will einen guten Eindruck machen. Schreib Sätze wie in den Beispielen.

Er rasiert sich zweimal am Tag (immer eine glatte Haut haben).
Er rasiert sich zweimal am Tag um immer eine glatte Haut zu haben.

Er will alle Mitschüler zu einer großen Party einladen (alle sein tolles Zimmer sehen können)
Er will alle Mitschüler zu einer großen Party einladen, damit alle sein tolles Zimmer sehen können.

1. Er cremt sich immer mit „Superduft" ein (gut riechen).
2. Er macht Bodybuilding (Muskeln größer werden).
3. Er macht Gymnastik (gute Figur bekommen).
4. Er trägt eine moderne Brille (intelligent aussehen).
5. Er isst keine Schokolade (keine Pickel kriegen).
6. Er tut Gel auf seine Haare (glänzen).
7. Er geht ins Solarium (Haut eine gesunde Farbe bekommen).
8. Er macht Diät (abnehmen).
9. Er lächelt immer (sympathisch wirken).
10. Er lädt die Mädchen ins Eiscafé ein (mit ihm ausgehen).
11. Er raucht nicht mehr (Zähne nicht gelb werden).

10 Wozu tun sie das?
Ergänze die Sätze mit eigenen Worten wie im Beispiel.

Sie geht nach der Schule zu ihrem Freund, *um mit ihm Vokabeln zu lernen / um nicht auf ihre kleinen Geschwister aufpassen zu müssen / damit er ihr bei den Hausaufgaben hilft.*

1. Er nimmt an einem Schüleraustausch teil, _____

   _____

2. Christine will unbedingt das Abitur machen, _____

   _____

3. Die Schüler haben eine Müll-Aktion gemacht, _____

   _____

4. Petra sucht eine Brieffreundin, _____

   _____

5. Jugendliche gehen gern in die Disko, _____

   _____

6. Viele junge Leute tragen Markenkleidung, _____

   _____

11 Meister auf den Wellen
Lies den Text und ergänze die Sätze im Kasten.

Markus wohnt in Plön, etwa 30 Kilometer vor Kiel. Ganz in der Nähe sind die Ostsee und die Nordsee. Außerdem gibt es sehr viele Seen. Auf einem dieser Seen hat Markus das Surfen gelernt.
Als er 1985 in den Osterferien in Griechenland war, guckte er dort stundenlang den Surfern zu. Er war schon immer begeistert von diesem Sport. Im Sommer, zu seinem vierzehnten Geburtstag, schenkten ihm seine Eltern ein Surfbrett. Er brachte sich dann die Grundkenntnisse des Surfens selber bei. Auf dem Bordesholmer See übte er so lange, bis er alle Manöver konnte.
Markus nutzte seine ganze Freizeit für diesen Sport und die Hausaufgaben blieben oft liegen.
Bald konnte er perfekt surfen. Nun wollte er schwierigere Kunststücke machen, aber dafür war das alte Brett zu groß. Mit einem kleineren Brett konnte man sehr viel mehr anfangen und kompliziertere Tricks machen. Doch Markus hatte kein Geld für ein neues Surfbrett.
1987 baute er deshalb selber eins. Ein Freund half ihm dabei. In jeder freien Minute bastelten sie daran und waren recht zufrieden mit dem Ergebnis.
Nach dem Realschulabschluss begann Markus in der Firma seines Vaters eine Lehre. Er wollte Elektriker werden. Doch er interessierte sich mehr für das Surfen. Deshalb beschloss er, diesen Sport zu seinem Beruf zu machen. Er lieh sich von seinem Vater 3000 Euro für Bretter und Segel und fuhr zuerst bei einer kleineren Regatta mit, wo er gleich siegte. Bei vielen weiteren Rennen belegte er gute Plätze. Von Surf-Firmen, die ihn bei den Wettkämpfen sahen, bekam er immer bessere Bretter für wenig Geld. Sie wollten ihn finanziell unterstützen. Doch Markus musste auch noch sein ganzes selbstverdientes Geld für Fahrtkosten, Reparaturen und Verpflegung am Wochenende ausgeben. Sein Ziel war es, beim Funboard-Cup zu den zwölf Besten zu gehören und Profi zu werden. Eine Firma half ihm bei seinen Plänen und lieh ihm die Ausrüstung. Aber beim Wettbewerb ging alles schief. Er stürzte,

der Mast brach, und er musste ausscheiden. Er reiste nach Teneriffa und übte dort neue Sprünge, Saltos und komplizierte Manöver. 35
Als er wieder zu Hause war, machte er zusammen mit seinem Freund Fotos von diesen Kunststücken. Heute ist Markus ein richtiger Surf-Künstler. Das Geld für seine Reisen und die Ausrüstung bekommt er immer noch von den Surf-Firmen.

Henning guckte in Griechenland stundenlang den Surfern zu, weil *er schon immer von diesem Sport begeistert war.*

Im Sommer konnte er selbst surfen lernen, weil …

Er fuhr oft zum Bordesholmer See um … zu …

Oft machte er keine Hausaufgaben, weil …

Bald brauchte er ein neues Brett um … zu …

Zusammen mit einem Freund baute er selbst ein Surfbrett, weil …

Nach dem Realschulabschluss begann er eine Lehre um … zu …

Er beendete die Lehre nicht, weil …

Er lieh sich von seinem Vater Geld um … zu …

Markus wurde von Surf-Firmen gefördert; trotzdem …

Markus trainierte sehr viel um … zu …

---

12 Wer ist dein Lieblingssportler / deine Lieblingssportlerin?

Suche in Zeitschriften und Zeitungen nach Informationen über deinen Lieblingssportler / deine Lieblingssportlerin und erstelle ein Porträt anhand der Fragen im Kasten.

Wie heißt er/sie? ■ Wie alt ist er/sie? ■ Woher kommt er/sie? ■ Welchen Sport treibt er/sie? ■ Seit wann? ■ Wie sieht er/sie aus? ■ Welche Erfolge hat er/sie schon errungen? ■ Welches war sein/ihr größter Erfolg? ■ Was gefällt dir an ihm/ihr am besten?

13   Zeichensetzung

a) Lies die Beispiele und die Regel.   s. GR4

Peter jobbt in den Ferien, damit er sich ein Surfbrett kaufen kann.
Peter jobbt in den Ferien um sich ein Surfbrett kaufen zu können.

> Vor *damit* steht immer ein Komma.

b) Ergänze die fehlenden Kommas.

Sehr viele Leute verbringen ihren Urlaub im Süden und liegen dort an den Stränden stundenlang in der Sonne um so braun wie möglich zu werden. Sie brauchen die Bräune damit Freunde und Bekannte ihnen glauben, dass sie „richtig schönen Urlaub" gemacht haben. Jeden Sommer warnen Ärzte vor den Gefahren des Sonnenbadens damit die Leute vorsichtiger werden, aber leider beachten nur wenige Urlauber die Ratschlä-ge. Um vor Freunden und Bekannten angeben zu können schaden die meisten sorglos ihrer Gesundheit. Sie benutzen zwar Sonnencreme um sich zu schützen aber das ist nach Meinung der Ärzte nicht der absolute Schutz. Es sind auch nicht alle Mittel gleich gut. Man sollte sich deshalb von Experten beraten lassen damit man das richtige Sonnenschutzmittel kauft.

14   Was kann man da machen?

a) Ordne die Orte den Tätigkeiten zu. (Es gibt mehrere Möglichkeiten.)
Ergänze *an, auf, in* mit dem Artikel in der richtigen Form.

Orte		Tätigkeiten
_____	}Meer	segeln
_____		Schlittschuh laufen
_____	Straße	joggen
		Mountainbike fahren
_____	Strand	tauchen
		wandern
_____	Bergen	skaten
		surfen
auf dem	Eis	Handball spielen
		reiten
_____	Sportplatz	Beachvolleyball spielen
		schwimmen
_____	Sporthalle	Ski laufen
		Leichtathletik machen
_____	Park	Eishockey spielen
		turnen
_____	Wald	klettern

b) Schreib Sätze wie im Beispiel.

Auf dem Eis kann man Schlittschuh laufen und Eishockey spielen.

15 Ein unordentlicher Sportler

Wo liegen die Sachen? Wohin sollte er sie legen?

Schreib Sätze wie im Beispiel. Nimm dazu die Präpositionen im Kasten.

an	in	auf	vor	hinter	unter	über

Die Turnhose hängt an der Lampe.
Er sollte sie in den Schrank legen.

16 Ergänze passende Ausdrücke.

1. Wo sind die Schüler? _in der Klasse, auf dem Schulhof, beim Direktor_

2. Wohin gehen sie? _in die Klasse, auf den Schulhof_

3. Wohin gehst du in deiner Freizeit? _____

4. Wo kannst du überall mit einem Mountainbike fahren? _____

5. Wo triffst du deine Freunde? _____

6. Wohin gehst du nicht gern? _____

7. Wohin fährst du in den Ferien? _____

17 Ergänze *auf* (2x), *aus*, *bei*, *in* (2x), *nach*, *über* (2x) und die richtige Form des Artikels.

TANZ auf dem WASSER

Die besten Wasser-Akrobaten der Welt kamen jetzt _____ Wasserski-Stadion _____ Haßloch _____ Ludwigshafen. 20 junge Sportler und Sportlerinnen _____ _____ USA und Australien rasten mit Skiern oder auf bloßen Füßen _____ _____ Wasser. Und das bei einem Tempo bis zu 120 Stundenkilometern. Dazu braucht man viel Kraft. Trotzdem bewegten sich die Akrobaten _____ _____ Wasser wie Tänzer.
Das tollste Kunststück zeigte Robert Williams (24 Jahre). Mit brennendem Umhang ließ sich der Amerikaner von einem Motorboot _____ _____ Wasser schleppen. Erst nach 100 Metern tauchte er _____ Wasser.
Kein Sport für Angsthasen!

18 Hast du das gewusst?

Ergänze das passende Adjektiv aus dem Kasten im Superlativ.

| schnell | hoch | jung | groß | viel | alt |
| schnell | erfolgreich | lang | gut | groß | |

1. Das _höchste_ Gewicht, das eine Frau auf einmal hob, waren 247 kg.

2. Die _____ Zuschauerzahl bei Olympischen Spielen wurde bei der Sommer-Olympiade in Los Angeles registriert: 5.797.923 Zuschauer.

3. Die _____ Zeit über 100 Meter rückwärts lief ein Neuseeländer 1979 in Tokio: 14,4 Sekunden.

4. Der _____ Läufer bei den Olympischen Spielen 1988 in Seoul war Carl Lewis (100 Meter in 9,92 Sekunden).

5. _____ Weltmeister im Motocross war mit 18 Jahren der Niederländer Dave Strijbos (1986).

6. Das _____ Surfbrett der Welt war 50,2 Meter lang. Es wurde am 28. Juni 1988 zum ersten Mal benutzt.

7. Die _____ Profi-Weltmeistertitel bei den Funboards gewann der Surfer Robby Naish, der zwischen 1974 und 1988 bei allen Meisterschaften siegte.

8. Das _____ Tennis-Match dauerte 6:39 Stunden (zwischen Boris Becker und John McEnroe).

9. Die _____ Läufer, die an einem Marathonlauf teilnahmen und bis zum Ende durchhielten, sind der 98-jährige Grieche Dimitrios Yordanis mit 7:33 Stunden am 10. Oktober 1976 in Athen und die 82-jährige Neuseeländerin Thelma Pitt-Turner mit 7:58 Stunden im August 1985 in Hastings (Neuseeland).

10. Die _____ deutschen Marathonläufer sind Christoph Herle (2:09 Stunden) und Uta Pippig (2:28 Stunden).

11. _____ deutscher Schwimmer aller Zeiten ist Michael Groß. Er stellte 13 Welt-, 23 Europa- und 67 deutsche Rekorde auf.

Verben

jdm. etw. anbieten
  (bot an, angeboten)
jdn./etw. angreifen
  (griff an, angegriffen)
etw. anwenden
sich etw. ausdenken
  (dachte aus, ausgedacht)
etw. ausüben
etw. benutzen
etw. besichtigen
jdn. besiegen
jdn./etw. bewundern
jdn./etw. entdecken
entstehen
  (entstand, ist entstanden)
etw. entwickeln
etw. erfinden
  (erfand, erfunden)
etw. gewinnen
  (gewann, gewonnen)
etw. importieren
joggen
springen
  (sprang, ist gesprungen)
starten
teilnehmen an (Dat)
  (nahm teil, teilgenommen)
übernachten
jdn./etw. unterstützen
etw. verändern
etw. veranstalten
sich verletzen
jdn./etw. verlieren
  (verlor, verloren)
etw. veröffentlichen
zunehmen
  (nahm zu, zugenommen)
zuschlagen
  (schlug zu, zugeschlagen)

Nomen

der Amateursportler, -
die Amateursportlerin, -nen
die Ausrüstung, -en
der Beifall
das Brett, -er
die Disziplin, -en
die Droge, -n
der Gang, ⸚e (hier: beim Fahrrad)
der Gegner, -
das Gummiseil, -e
der Helm, -e
der Knieschützer, -
der Kran, ⸚e
das Kunststück, -e
der Leistungssport
der Lenker, -
die Medaille, -n
die Meisterschaft, -en
die Mitgliedskarte, -n
der Profisportler, -
der Randalierer, -
die Regel, -n
das Risiko, Risiken
der Schutzhelm, -e
die Selbstverteidigung
der Sponsor, -en
die Sportart, -en
das Sportgerät, -e
das Stadion, Stadien
der Sturz, ⸚e
das Training
das Turnier, -e
die Verletzung, -en
die Verletzungsgefahr, -en
die Voraussetzung, -en
die Welle, -n
die Werbeaktion, -en
der Wettkampf, ⸚e
der Wind, -e
das Zubehör

Adjektive und Adverbien

abhängig von (Dat)
anstrengend
begeistert
beliebt
brutal
empfehlenswert
erfolgreich
freihändig
gefährlich
hart
ohnmächtig
populär
riskant
spektakulär
zufällig

Ausdrücke

viel/wenig Geld ausgeben
(k)eine schöne Aussicht haben
Interesse wecken für (Akk)
in Mode kommen/sein
einen Preis verleihen/bekommen/über-
reichen
(eine) Regel(n) beachten/einhalten
einen Rekord aufstellen
(k)einen Sieg erringen
zufällig

19 **a) Ergänze die passenden Verben aus dem Kasten.**

gewinnen   tragen   sich ausdenken
besiegen   benutzen   ausüben

einen Beruf, einen Sport _ausüben_ _____

eine Medaille,
einen Wettkampf, ein Spiel _____

ein Spiel, eine Überraschung _____

einen Gegner,
eine Mannschaft _____

Make-up, ein Lexikon _____

einen Schutzhelm,
eine Brille _____

b) Ergänze passende Nomen.

veranstalten   _Sportfest, ..._ _____

anbieten   _____

teilnehmen an   _____

besichtigen   _____

entdecken   _____

ausgeben   _____

unterstützen   _____

bewundern   _____

c) Schreib mit den Ausdrücken aus b) Sätze in dein Heft.

Beispiel: _Jedes Jahr im Mai veranstaltet die Stadt ein großes Sportfest._

20 **Ergänze die passenden Nomen.**

1. Jemand, der einen Sport als Beruf ausübt, ist ein _____.

2. Der Sieger in einem Wettkampf bekommt eine _____.

3. Die Leute oder Firmen, die Sportler finanziell unterstützen, nennt man

   _____.

4. Um sich bei gefährlichen Sportarten vor Verletzungen zu schützen, sollte man

   einen _____ tragen.

5. Bei gefährlichen Sportarten ist die _____ groß.

6. Mädchen und Frauen, die _____ lernen, können sich besser
   wehren, wenn sie überfallen werden.

21 Ergänze die passenden Nomen aus dem Kasten (mit Artikel).

Ausrüstung   _das Zubehör_   _____

Risiko   _____   _____

Meisterschaft   _____   _____

Wettkampf   Turnier
Sturz
Verletzungsgefahr
Zubehör   Sportgerät

22 Erkläre die folgenden Nomen.

1. der Amateursportler • 2. die Knieschützer (Pl.) • 3. der Gegner • 4. das Zubehör • 5.der Randalierer

23 a)   Was passt zusammen? Ordne zu und notiere in der richtigen Form.
(Manchmal gibt es mehrere Möglichkeiten.)

Beispiel: _eine beliebte/gefährliche/spektakuläre Sportart_

anstrengend
begeistert
beliebt
gefährlich
erfolgreich
populär
riskant
spektakulär

Fan
Sportler
Sportart
Kunststück
Dopingmittel
Gegner
Training
Werbeaktion

b) Ergänze passende Ausdrücke aus a) in der richtigen Form.

1. Basketball ist zu einer _beliebten Sportart_ geworden.

2. Nach dem _____ kann ich mich nicht mehr auf meine Hausaufgaben konzentrieren.

3. Die _____ feiern den Sieg ihrer Lieblingsmannschaft.

4. Manche Leistungssportler schaden ihrer Gesundheit, weil sie _____ nehmen.

5. Die Stadt hat eine _____ für das Streetball-Turnier in zwei Wochen gestartet.

6. Der Profi-Surfer hat _____ auf seinem Brett gemacht.

7. Der Box-Weltmeister muss heute gegen einen _____ kämpfen.

8. In Werbespots sieht man häufig _____.

9. Ein _____ verdient sehr viel Geld.

24 Ergänze die passenden Adjektive.

1. die Abhängigkeit _abhängig_
2. die Brutalität _____
3. der Erfolg _____
4. die Ohnmacht _____
5. die Härte _____
6. der Zufall _____

25 Ergänze die Sätze mit Ausdrücken aus der Wortliste.

1. Bei einem Spiel gibt es bestimmte Dinge, die man tun oder auch nicht tun darf.

   Bei einem Spiel muss man bestimmte _Regeln einhalten / Regeln beachten._

2. Man kann sehr weit sehen. Man _____

3. Er ist bei dieser Meisterschaft weiter gesprungen als alle anderen Sportler vor ihm. Er

   _____ neuen _____

4. Diesmal konnte er nicht gewinnen. Diesmal konnte er _____

   _____

Wie beurteilst du deinen Lernerfolg?

a) Was kannst du jetzt gut/schon besser als vorher?
Wo hast du noch große Probleme?
Kreuze an.

ich kann jetzt

		gut	schon besser als vorher	Es gibt noch große Probleme.
Texte hören, lesen und verstehen	● Tricks zum Erschließen unbekannter Wörter anwenden	☐	☐	☐
	● Texte auf unterschiedliche Weise lesen (allgemeine Informationen entnehmen/ genaue Informationen entnehmen)	☐	☐	☐
	● Überschriften und Fotos für das Textverständnis nutzen	☐	☐	☐
sprechen und schreiben	● über verschiedene Sportarten berichten	☐	☐	☐
	● darüber berichten, was man in den Ferien machen kann	☐	☐	☐
	● Reiserouten beschreiben	☐	☐	☐
dabei vor allem	● den entsprechenden Wortschatz benutzen	☐	☐	☐
	● Vorgänge in der Vergangenheit im Passiv darstellen	☐	☐	☐
	● eine Absicht / ein Ziel mit Hilfe von Sätzen mit *um … zu … / damit …* ausdrücken	☐	☐	☐
	● wichtige Lokalpräpositionen korrekt verwenden	☐	☐	☐
	● *u, ü, y* voneinander unterscheiden und richtig aussprechen	☐	☐	☐

b) Ich weiß jetzt Folgendes über Sport und Freizeit in Deutschland:

_____

_____

_____

_____

_____

_____

Quellenverzeichnis

Seite 17:   Texte mit Genehmigung entnommen aus *Großwörterbuch Deutsch als Fremdsprache*, Langenscheidt-Verlag Berlin und München

Seite 32:   Text aus: Mirjam Pressler, *Bitterschokolade* © 1980 Beltz Verlag, Weinheim und Basel Programm Beltz & Gelberg, Weinheim

Seite 43:   Foto: Werner Brönzli, Reichertshausen

Seite 46/47: Text und Fotos: Heike Seewald, Hemmingen

Seite 58:   Illustration: Picture Press, München (Robins)

Seite 62/63: Fotos: Nordwestdeutsches Schulmuseum Friesland, Zetel; Text: Norbert Zell, Oldenburg

Seite 98:   Text aus: JUMA 1/90; Foto: Holiday Park Hassloch